Klett Lektürehilfen

Juli Zeh

Corpus Delicti

Ein Prozess

Interpretationshilfe für Oberstufe und Abitur

von
Johannes Wahl

Klett Lerntraining

Dr. Johannes Wahl, Gymnasiallehrer für Deutsch, Englisch und Geschichte in Baden-Württemberg.

Die Textzitate folgen der Ausgabe: Juli Zeh: Corpus Delicti. Ein Prozess. 25. Aufl. München: btb Verlag, 2010.

Bibliografische Information der Deutschen Nationalbibliothek
Die Deutsche Nationalbibliothek verzeichnet diese Publikation in der Deutschen Nationalbibliografie; detaillierte bibliografische Daten sind im Internet über http://dnb.dnb.de abrufbar.

Dieses Werk folgt der reformierten Rechtschreibung und Zeichensetzung. Ausnahmen bilden Texte, bei denen künstlerische, philologische oder lizenzrechtliche Gründe einer Änderung entgegenstehen.

6. Auflage 2024

© PONS Langenscheidt GmbH, Stöckachstraße 11, 70190 Stuttgart 2021
Alle Rechte vorbehalten.
www.klett-lerntraining.de
Umschlagfoto: picture-alliance, Frankfurt (Erwin Elsner)
Satz: DOPPELPUNKT, Stuttgart
Druck: Plump Druck und Medien GmbH, Rheinbreitbach
Printed in Germany
ISBN 978-3-12-923171-5

1 Inhaltsangabe und erste Deutungsaspekte

2 Analyse und Interpretation

4 Prüfungsaufgaben und Lösungen

1 Inhaltsangabe und erste Deutungsaspekte

Textabschnitte und Handlungsverlauf

Vorspann (Kap. 1 und 2, S. 7–10)

> **KURZINFO**
>
> **Gliederung der Romanhandlung**
> - Um die Handlung übersichtlich zu gliedern, sind nachfolgend die mehrheitlich sehr kurzen fünfzig Kapitel des Romans in sechzehn umfangreichere Textabschnitte mit eigenen Überschriften zusammengefasst.
> - Die Einteilung dieser Episoden orientiert sich an der Chronologie der Handlung, die durch sechs Rückblenden unterbrochen ist.
> - Darüber hinaus wurden die im Inhaltsverzeichnis des Romans (vgl. 267–269) aufgeführten Kapitel durchnummeriert. Deren Titel entstammen jeweils prägnanten Formulierungen aus dem Text, geben aber nur zu einem geringen Maß Auskunft über den konkreten Inhalt.
> - Die ersten beiden Kapitel des Romans enthalten Auszüge aus fiktiven Textdokumenten und dienen als Vorspann zur eigentlichen Romanhandlung.

Kap. 1:
„Das Vorwort"

Corpus Delicti beginnt mit einem Auszug aus dem Vorwort eines fiktiven politischen Sachbuchs. Bei dem undatierten Werk handelt es sich offensichtlich um einen populären Klassiker, da aus der 25. Auflage zitiert wird. Autor des Textes ist Heinrich Kramer, ein Journalist, der sich im Verlauf des Romans als mächtiger und erbarmungsloser Verfechter der dargestellten zukünftigen Gesundheitsdiktatur erweisen wird.

Kerngedanken der Verfassung des Zukunftsstaates

Exponierte Stellung verweist auf besondere inhaltliche Bedeutung

Das Vorwort ist in einem doppelten Sinn zu verstehen. Einerseits formuliert es die Kerngedanken aus Kramers Abhandlung mit dem Titel *Gesundheit als Prinzip staatlicher Legitimation* (vgl. 8). Es erläutert das Selbstverständnis der Gesellschaft in der Mitte des 21. Jahrhunderts (vgl. 12) und liest sich daher wie eine Präambel zur Verfassung des Zukunftsstaates. Andererseits verweist die exponierte Stellung zu Beginn des Romans auf die grundlegende Bedeutung für dessen Handlung. Das Vorwort leitet nicht nur Kramers Werk ein, sondern auch den Roman. Die im Vorwort formulierten Gedanken bilden dessen Ausgangspunkt und eröffnen sowohl ideologisch als auch erzählerisch den Rahmen.

Inhaltlich definiert Kramer Gesundheit als einen Zustand des „vollkommenen körperlichen, geistigen und sozialen Wohlbefindens" (7). Damit greift er wortwörtlich den zweiten Satz der Präambel zur Verfassung der Weltgesundheitsorganisation (WHO) auf. Die individuelle Ebene ergänzt Kramer durch eine gesellschaftspolitische Argumentation: Das persönliche Streben der Menschen nach Gesundheit ermögliche erst die „Vollkommenheit des gesellschaftlichen Zusammenseins" (ebd.) und sei daher das natürliche Ziel des Staates.

> Gesundheit als Zustand der Vollkommenheit

Die an die WHO angelehnte Definition erhält in dem neuen Kontext eine unerwartete inhaltliche Wende. Der Titel von Kramers Abhandlung weist nämlich darauf hin, dass die Erhaltung der Gesundheit das staatliche Gewaltmonopol legitimiert. Zugespitzt formuliert heißt das, Gesundheit sei das alleinige „Prinzip" (8), das die Herrschaft des Methodenstaates rechtfertigt. Krankheit könne nicht geduldet werden, weil sie die staatliche Ordnung bedroht. Derjenige, der sich dem allgemeinen Streben nach Gesundheit entziehe, so Kramer, sei „krank" (ebd.), man möchte ergänzen: nicht politisch konform. Bereits die Verweigerung, sich gesund zu erhalten, stellt also das politische System in Frage. Das Vorwort enthält damit bereits Ansätze der Gesundheitsdiktatur, die der Roman im Folgenden entfalten wird.

> Versteckte Ansätze einer Gesundheitsdiktatur

Der Auszug aus dem Urteil gegen Mia Holl in Kap. 2 nimmt das Ende des Romans vorweg und zeigt, zu welchen Konsequenzen die Konfrontation mit dem Staat führen kann. Die Protagonistin wird wegen „methodenfeindlicher Umtriebe in Tateinheit mit der Vorbereitung eines terroristischen Krieges" (10) verurteilt. Recht gesprochen wird nicht etwa im Namen des Volkes, sondern „im Namen der METHODE" (9), der konsequenten Gesundheitsideologie des Staates.

> Kap. 2: „Das Urteil"

> Rechtsprechung „im Namen der METHODE"

Mia Holl wird jedoch zusätzlich wegen weiterer Delikte verurteilt. Minderschwer dürfte die vorsätzliche „Verweigerung obligatorischer Untersuchungen zu Lasten des allgemeinen Wohls" (10) wiegen, also die Missachtung eben jenes Strebens, Krankheiten zu vermeiden, von dem Kramer in seinem Vorwort spricht. Gravierender dürfte der aktive Umgang mit „toxischen Substanzen" (ebd.) sein, der die Gesundheit gefährdet. Aufgrund der Schwere der Anklagepunkte soll Mia auf unbestimmte Zeit eingefroren werden. Die Gründe für das harte Urteil werden an dieser Stelle nicht genannt, sondern ergeben sich im weiteren Verlauf der Handlung. Im vorletzten Kapitel wird das Urteil unter der lapidaren Überschrift „Siehe oben" (250) erneut aufgegriffen.

Begründung des Urteils gegen Mia Holl im Verlauf der Handlung

Mia Holls Vernachlässigung der Meldepflichten (Kap. 3, S. 11–19)

KURZINFO

Verfahren in Abwesenheit

- Das anfängliche Bild einer Idylle in der Mitte des 21. Jahrhunderts erhält bald Risse.
- Das Gericht verhandelt in Abwesenheit der Angeklagten, die nur als nackte Ganzkörper-Projektion auf einer Leinwand zu sehen sind.
- Die Justiz erweist sich durch die Richterin Sophie von einer menschlichen Seite.
- Mia wird zu einem Klärungsgespräch eingeladen.
- Der Journalist Heinrich Kramer, der offensichtlich überall Zutritt hat, zeigt ein besonderes Interesse am „Fall Mia Holl".

Kap. 3: „Mitten am Tag, in der Mitte des Jahrhunderts"

Idylle ohne Umweltzerstörung

Mitten im 21. Jahrhundert scheint ein Idyll zu herrschen. Mensch und Natur leben im Einklang miteinander, die Zerstörung der Umwelt hat ein Ende gefunden. „Hier stinkt nichts mehr" (11), Industrieanlagen sind stillgelegt und zu Kulturzentren umfunktioniert worden. Geflutete Kies- oder Kohlegruben bilden künstliche Seen, die sich harmonisch ins Landschaftsbild fügen, das von Wäldern um die zusammengewachsenen Städte geprägt ist. Der für den CO_2-Ausstoß mitverantwortliche Autoverkehr gehört der Vergangenheit an. Stattdessen gibt es umweltfreundliche Magnetbahnen. Bemerkenswerterweise haben auch die Kirchen in der Zukunft an Bedeutung verloren. Sie sind nur noch Teil eines „selten besuchten Freilichtmuseum[s]" (ebd.).

Individualität scheint jedoch ebenfalls nicht mehr zeitgemäß zu sein. Alle Gebäude sind weiß verputzt und weisen dieselbe Architektur auf. Man sieht nur quadratisch genormte „Würfelhäuser" (ebd.) mit einem Flachdach, auf dem eine Solaranlage installiert ist. Hier ist nichts willkürlich oder organisch entstanden, sondern alles folgt einem verordneten Plan. So sind die Häuser zu „terrassenförmig gestuften Wohnkomplexen" (ebd.) angewachsen. Die Magnetbahn-Trassen durchziehen den Wald in „schnurgeraden Schneisen" (12). An deren Treffpunkt, genau in der Mitte des Zukunftsstaates, liegt bezeichnenderweise das Gerichtsgebäude.

> Keine Individualität

Zoomartig richtet sich der Blick von der topographischen Beschreibung in den Raum 20/09 des Amtsgerichts, wo ein eingespieltes Team Routinetätigkeiten ausübt. Den Vorsitz hat die junge, sympathische Richterin Sophie. Staatsanwalt Bell, dessen miesepetrige und wenig einfühlsame Art die Richterin schon im Studium als nervtötend empfunden hat, vertritt das öffentliche Interesse. Der unsichere Rosentreter hat die Aufgabe, als Verteidiger für die privaten Interessen der Angeklagten einzutreten.

> Routinetätigkeiten eines eingespielten Juristen-Trios

Die beiden Vertreter des privaten und öffentlichen Interesses sitzen gemäß der Rechtstradition an einem Tisch. Symbolisch zeigt sich jedoch, dass die beiden Interessen nicht gleichwertig sind. Während Bell seine Unterlagen über einen Großteil des Tisches ausgebreitet hat, bleibt für den privaten Interessenvertreter nur ein kleiner Platz an der „kurze[n] Seite" (13) des gemeinsamen Tisches.

> Vorrangstellung des öffentlichen Interesses

Die drei Juristen sind zuständig für minderschwere Fälle. Es handelt sich um Güteverhandlungen, in denen versucht wird, einen Rechtsstreit einvernehmlich beizulegen. Im Gegensatz zur gegenwärtigen Rechtsprechung werden die Verhandlungen über die Verletzung der Gesundheitsnormen des Staates ohne die Anhörung bzw. nicht im Beisein der Angeklagten geführt. Sie sind lediglich als „Ganzkörper, nackt" (14) auf einer Projektionsfläche zu sehen. Trotz der Abwesenheit scheint dem Gericht nichts verborgen zu bleiben, denn weitere Bilder „von vorn und hinten. Von außen und innen. Röntgenbilder, Ultraschall, Kernspintomographie des Gehirns"

> Güteverhandlungen

> Nackte Ganzkörper-Projektionen

(ebd.) und umfangreiche medizinische Daten stehen zur Verfügung.

Verstöße gegen die Gesundheitsnormen werden vor Gericht ohne Anhörung verhandelt

Eine erste Verhandlung wegen eines „einmalige[n] Überschreiten[s] der Blutwerte im Bereich Koffein" (13), also wegen des Genusses einer Tasse Kaffee, wird schnell mit einer Verwarnung abgehakt. Der Fall eines vorbestraften Vaters wegen „Missbrauchs toxischer Substanzen im Bereich Nikotin und Ethanol" (14) ist etwas schwieriger. Der alleinerziehende Mann ist in der Vergangenheit offensichtlich mehrfach beim Rauchen und Alkoholkonsum erwischt worden. Nun hat er gegen das Gesetz über die Krankheitsfrüherkennung bei Säuglingen verstoßen. Konkret hat er einige Pflichtuntersuchungen seiner kleinen Tochter nicht durchführen lassen, was als Kindeswohlgefährdung gewertet wird. Das Strafmaß muss sich nach Auffassung von Staatsanwalt Bell deshalb an „schwerer Körperverletzung" (17) orientieren.

Richterin Sophie mit menschlichem Antlitz

Richterin Sophie zeigt sich jedoch von einer menschlichen Seite. Trotz der Vorstrafen und Vernachlässigung des kleinen Mädchens setzt sie auf Einsicht des Angeklagten. Sie fordert, dass der Vater die Gefängnisstrafe von zwei Jahren zu Hause absitzen darf sowie „medizinische und hygienische Fortbildungen" (16) erhält. Damit bekommt er „noch eine Chance" (17).

Heinrich Kramer zieht alle Blicke auf sich

Während der Verhandlung betritt Heinrich Kramer ohne anzuklopfen den Gerichtssaal. Der Journalist, der die ideologischen Grundlagen des Staates formuliert hat (vgl. Kap. 1 „Das Vorwort"), hat „überall Zutritt" (15). Er bemüht sich nicht, leise zu sein. Sein Erscheinen führt zwangsläufig dazu, dass er alle Blicke auf sich zieht und die Verhandlung kurzfristig unterbrochen wird. Über die allgemeine Ehrfurcht hinaus scheint Rosentreter regelrecht Angst vor dem Chefideologen zu haben, da er den Blick in seinen Unterlagen „versteckt" (16). Kramers Interesse gilt offensichtlich dem Fall Mia Holl, der als Nächstes verhandelt wird. Obwohl die Richterin das Vergehen als Bagatelldelikt einstuft, lässt er sich den Namen explizit wiederholen. Die Tatsache, dass er sich Notizen macht, verunsichert Sophie und Rosentreter, die deshalb einen „schnellen Blick" (18) austauschen.

Verunsicherung des Gerichts

Der 34-jährigen Biologin wird vorgeworfen, ihre Meldepflichten vernachlässigt zu haben. Dazu gehören:

> „Schlafbericht und Ernährungsbericht wurden im laufenden
> Monat nicht eingereicht. Plötzlicher Einbruch im sportlichen
> Leistungsprofil. Häusliche Blutdruckmessung und Urintest
> nicht durchgeführt." (Ebd.)

Ältere Blutwerte, Informationen zum Kalorienverbrauch,
Stoffwechseldaten und Leistungskurven deuten jedoch
nicht auf irgendwelche physischen oder sozialen Störun-
gen, die verheimlicht werden müssten. Deshalb vermutet
die Richterin, dass sich Mia in „eine[r] schwierige[n]
Phase" (19) befinde, weil sie noch keinen Mann habe.
Darauf deutet ihre Frage hin, ob die Biologin die Zentrale Partnerschaftsvermittlung (ZPV) in Anspruch genommen habe. Sophie verzichtet deshalb auf eine Verwarnung und lädt Mia stattdessen zu einem „Klärungsgespräch"
(ebd.) ein.

Mia befindet sich mutmaßlich in einer schwierigen Lebensphase

Kramers lapidarer Kommentar zu Sophies Analyse, „[s]o
kann man es auch ausdrücken" (ebd.), ist nicht neutral,
sondern spöttisch gemeint. Seine Worte sollen verunsi-
chern, Verdacht erregen und das Gericht manipulieren.
Auf die Frage der Richterin, ob er Mia kenne, belehrt er
sie, dass beide der Angeklagten schon einmal begegnet
seien, wenn auch unter anderen Umständen.

Mia Holl ist keine Unbekannte

Kramers erster Besuch bei Mia (Kap. 4–6, S. 20–32)

KURZINFO

Begegnung mit dem „Mörder" (30) ihres Bruders

- Mia wohnt in einem Wächterhaus, einem hygienisch besonders vorbildlichen Haus, in welchem die Nachbarn gemeinsam auf die Einhaltung der Gesundheitsnormen achten.
- Die Protagonistin schreibt ihre Erinnerungen an den Bruder auf. Sie führt Selbstgespräche mit einer inneren Stimme, die durch die imaginäre Figur der „idealen Geliebten" verkörpert wird.
- Heinrich Kramer stattet Mia einen Besuch ab. Sie macht den Journalisten für den Tod ihres Bruders verantwortlich. Sie selbst hat Moritz durch das Einschmuggeln einer Angelschnur den Suizid während seiner Haft allerdings erst ermöglicht.

Kap. 4: „Pfeffer"

Konzept des
Wächterhauses

Mia wohnt in einem „Wächterhaus" (22), einem Wohn-
konzept, das wesentlich von Kramer zum Zweck der Sozialkontrolle mitentwickelt wurde. Die zertifizierten
Wächterhäuser messen in einer Art Selbstverwaltung regelmäßig die Luftwerte und prüfen Abwasser und Müll.
Für ihre Zuverlässigkeit erhalten die Bewohner und Be-
wohnerinnen Rabatte auf Strom und Wasser. Gleichzeitig kontrollieren sie sich gegenseitig, um nicht den Status
des Wächterhauses zu gefährden. Wer nicht mitmacht
oder seinen Pflichten nicht nachkommt, wird denunziert.

Täglicher Tratsch
im Treppenhaus

Lizzie, die Pollsche und Driss sind drei typische Bewoh-
nerinnen eines solchen Hauses. Wie jeden Tag stehen sie
tratschend im Treppenhaus. Lizzie gibt gerade eine Geschichte über ihre Tochter zum Besten, die beim Arzt-
spielen mit einem Pfeffersack ein künstliches Niesen provoziert hat. Der scheinbare Anflug eines Schnupfens hat
die Mutter „fast krank […] vor Angst" (21) gemacht,
schließlich sind Erkältungen „seit den zwanziger Jahren
ausgestorben" (20).

Gewohntes
Muster: Weiter-
gabe von
Informationen

Als Kramer erscheint, um Mia zu besuchen, plaudern die
Nachbarinnen freimütig gegenüber der allseits bekannten und Ehrfurcht gebietenden Autorität aus, was sie
über die Biologin wissen. Man sehe sie gar nicht mehr,
sie gehe derzeit nicht arbeiten und sei immer allein. Ver-
traulich stecken sie Kramer zu, dass sie vermuten, Mia
suche nach einem Partner und schaue Angebote der ZPV
durch. Die Biologin sei eine „Anständige" (24), vorbild-
lich in ihrem Tun.

Kap. 5: „Die ideale
Geliebte"

Selbstgespräche
mit einer inneren
Stimme

In Mias Wohnung herrscht hingegen „Chaos". Es sieht so
aus, als hätte hier „seit Wochen niemand aufgeräumt, ge-
lüftet oder geputzt" (26). Die Protagonistin ist keineswegs auf der Suche nach einem Mann, sondern gelähmt
von der Trauer um ihren Bruder Moritz, der sich etwa
vier Wochen zuvor das Leben genommen hat. Sie sitzt
am Schreibtisch und führt Selbstgespräche mit einer inneren Stimme, die durch die imaginäre Figur der idealen
Geliebten verkörpert wird. Sie versucht verzweifelt, die
Erinnerung an den Bruder wachzuhalten. Episodenhaft
kommen ihr Gespräche und einzelne Äußerungen ins Gedächtnis, die sie für sich aufschreibt.

Offensichtlich hatten die beiden sehr unterschiedliche Denkweisen und Lebenseinstellungen. Moritz hat seiner Schwester immer wieder vorgeworfen, dass sie durch das „naturwissenschaftliche Denken verdorben" (ebd.) sei. Mit ihrer Rationalität habe sie weder genießen noch lieben können. Sie habe das Wort Liebe nicht einmal aussprechen können. Für ihn war Liebe dagegen ein Wort für alles, was ihm gefiel: „Liebe war Natur, Freiheit, Frauen, Fische fangen, Unruhe stiften. Anders sein." (27) Besonders hat sich Moritz' letzter Satz in Mias Gedächtnis eingebrannt: „Das Leben ist ein Angebot, das man auch ablehnen kann." (28) Ohne Zweifel ist dies als Vorwegnahme des Suizids zu verstehen.

Ratio versus Emotionalität

Als Mia die Tür öffnet und Kramer sieht, herrscht zunächst eisernes Schweigen. Sie ist überrascht, dass der Mann, den sie für den „Mörder" (30) ihres Bruders hält, plötzlich vor ihr steht. Kramer gibt sich betont freundlich. In einer „hübschen Geste" will er ihr sogar die Hand geben, worin Mia zögerlich einwilligt. Der Journalist streitet die Schuld an Moritz' Tod ab und legt den Finger in die Wunde, indem er fragt, woher dieser „im Gefängnis die Angelschnur hatte, um sich aufzuhängen" (31).

Kap. 6: „Eine hübsche Geste"

„Mörder" ihres Bruders

Mias Hass auf Kramer kennt keine Grenzen. Nur mit Mühe kann sie sich zusammenreißen, um ihn „nicht zu erwürgen" (ebd.). Sie hält ihm vor, dass er eine beispiellose Medienkampagne gegen ihren Bruder inszeniert habe, die zu dessen Verurteilung geführt habe. Die folgende Rückblende gibt genauere Details.

Kramers Medienkampagne gegen Moritz

Rückblende I: Verurteilung von Moritz Holl (Kap. 7, S. 33–35)

KURZINFO

Erdrückende Beweislast

- Moritz Holl meldet der Polizei, dass er Sibylle Meiler tot aufgefunden hat.
- Als im Körper der Toten Sperma gefunden wird, wird Moritz wegen Vergewaltigung und Mord angeklagt. Ein DNA-Test beweist seine Schuld.
- Trotzdem leugnet er die Taten, was einen Presseskandal verursacht. Kramers Berichterstattung prägt den medialen Diskurs über den Prozess.

Kap. 7: „Genetischer Fingerabdruck"

In knapper Form wird ein „verblüffend simples Geschehen" (33) in der Vergangenheit berichtet. Moritz Holl ist zu einem Blind Date an der Südbrücke verabredet. Als er dort eintrifft, ist Sibylle Meiler jedoch bereits tot. Völlig verstört meldet er das Verbrechen der Polizei. Bei der Autopsie wird im Körper der Frau Sperma gefunden. Ein DNA-Test gilt als unwiderlegbarer Beweis für Moritz' Schuld, und er wird zwei Tage später wegen Vergewaltigung und Mord verhaftet.

DNA-Test

Opfer „auf dem Alter der Verblendung"?

Entgegen den allgemeinen Erwartungen legt Moritz jedoch kein Geständnis ab. Im Gegenteil, er leugnet beide Taten und beteuert wiederholt, dass er auf dem Altar allgemeiner Verblendung (vgl. 34) geopfert werde. Dieses Verhalten ist in der Rechtsgeschichte des Methodenstaates ein Novum. Moritz' Widerstand gegen das öffentliche Interesse verursacht daher einen von Kramers Veröffentlichungen angefachten Presseskandal. Dabei sind die Reaktionen offenbar sehr unterschiedlich. Manche sympathisieren mit dem Verdächtigen, andere kritisieren seine Uneinsichtigkeit. Es ist davon auszugehen, dass Kramers Berichterstattung wesentlich zu einer Vorverurteilung des jungen Mannes beiträgt.

Mias Konflikt (Kap. 8, S. 36–43)

KURZINFO

Zwischen Vernunft und Liebe zum Bruder

- Kramer argumentiert mit der Unfehlbarkeit der METHODE, die auf dem allgemeingültigen Prinzip der Vernunft beruhe.
- Die Naturwissenschaftlerin Mia ist hin und her gerissen zwischen ihrer grundsätzlichen Systemtreue und dem Gefühl, dass ihr Bruder kein Mörder ist.
- Kramer möchte Mia für ein Interview mit dem GESUNDEN MENSCHENVERSTAND gewinnen.
- Die ideale Geliebte, ein Geschenk ihres Bruders, warnt Mia davor, sich darauf einzulassen.

Kap. 8: „Keine verstiegenen Ideologien"

Zurück in der Gegenwart knüpft die Handlung bruchlos an die Situation in Mias Wohnung aus dem sechsten Kapitel an. Kramer begründet seine Position mit einer generellen Darstellung des Methodenstaates. Das System gründe sich nicht auf irgendwelche verstiegenen Ideologien wie das Christentum oder den Kapitalismus, sondern gehorche einzig und allein der Vernunft. Die Gesellschaft sei „am Ziel" (36), sei ein perfektes System, das dem Einzelnen ein möglichst langes, gesundes und glückliches Leben garantiere, frei von Schmerz und Leid.

Aufgrund seiner rationalen Basis sei das System „unfehlbar" (37). So könne auch bei dem belastenden DNA-Test kein Fehler passiert sein. Jeder emotionsgeladene Zweifel würde zu strittigen Einzelfallentscheidungen, zu einer „Willkürherrschaft des Herzens" (38) führen. Das Gefühl könne keine Allgemeingültigkeit beanspruchen.

Unfehlbarkeit der vernunftbasierten METHODE

Als Naturwissenschaftlerin mag Mia Kramers Ausführungen durchaus zustimmen, doch dadurch gerät sie in Konflikt mit der Liebe und Loyalität zu ihrem Bruder.

Verfluchung des Systems oder Verrat an Moritz?

> „Ich blicke auf eine Kreuzung zwischen zwei Wegen", sagt Mia. „Der eine Weg heißt Unglück, der andere Verderben. Entweder ich verfluche ein System, zu dessen METHODE es keine vernünftige Alternative gibt. Oder ich verrate die Liebe zu meinem Bruder, an dessen Unschuld ich ebenso fest glaube wie an meine Existenz." (39)

Der Journalist möchte sie davor bewahren, eine Entscheidung zu treffen. Er gesteht ihr eine Phase der Trauer zu, nach der sie wieder zur Normalität zurückkehren solle.

Je länger das Gespräch dauert, desto mehr fragt sich Mia, warum Kramer ihr überhaupt einen Besuch abstattet. Dieser macht ihr daraufhin ein Angebot. Er ist sich sicher, dass der Fall Moritz Holl wegen des Auseinanderklaffens von öffentlichem und privatem Interesse wissenschaftlich untersucht werde. In diesem Zusammenhang möchte er Mia zu einem Gespräch für den GESUNDEN MENSCHENVERSTAND, das Presseorgan des Methodenstaates, einladen. Kramer möchte an ihr exemplifizieren, wie man nach „Krisen und Zweifel […] noch fester zur gemeinsamen Sache" (42) stehe.

Mia soll instrumentalisiert werden

Die ideale Geliebte, die das ganze Gespräch mitverfolgt, ist für Kramer nicht wahrnehmbar. Er wundert sich aller-

Drohung der
idealen Geliebten

dings über die wiederholten Selbstgespräche Mias. Ihre innere Stimme warnt sie davor, sich auf Kramers Angebot einzulassen. Die ideale Geliebte droht sogar damit, Mia zu verlassen. Die Protagonistin tut dies aber mit dem Hinweis ab, dass das unmöglich sei. Schließlich habe ihr Bruder Moritz ihr die imaginäre Geliebte geschenkt. Dies löst in Mia die Erinnerung an die damit verbundenen Umstände aus, die in der folgenden Rückblende erzählt werden.

Rückblende II: Das letzte Treffen der Geschwister (Kap. 9, S. 44–46)

KURZINFO

Die letzte Zusammenkunft der Geschwister
- Moritz sitzt in Untersuchungshaft.
- Er drängt seiner Schwester die ideale Geliebte auf.
- Mia fädelt eine durchsichtige Schnur unbemerkt durch eines der Löcher in der Plexiglasscheibe, die die beiden voneinander trennt.

Kap. 9: „Durch
Plexiglas"

Die Handlung springt vier Wochen zurück. Mia besucht Moritz, der seit sechs Monaten in Untersuchungshaft sitzt. Sie bringt zum Ausdruck, dass sie gern ihrem kleinen Bruder noch zu einer Frau verholfen hätte. Daraufhin gibt Moritz zu, dass er sich eine „erfunden" (44) habe. Mia ist zunächst nicht überzeugt, die imaginäre Geliebte zu sich zu nehmen. Sie steht dem Reich der Phantasie eher kritisch gegenüber. Für ihren Bruder besitzt die imaginäre Figur jedoch eine klar definierte Funktion. Er behauptet, sie werde die Schwester zu ihm „zurückführen" (45). Mia solle nicht vergessen, dass die Phantasiewelt immer ihr gemeinsames Zuhause sein werde. Schließlich gibt Mia nach.

Die ideale Geliebte soll Mia zu ihrem Bruder zurückführen

Moritz will sich
erhängen

Offensichtlich hatte Moritz seine Schwester um eine durchsichtige Schnur gebeten, die er nun als „Gegenleistung" (46) verlangt. Ohne dass es der Aufseher bemerkt, fädelt Mia die Schnur durch eines der Löcher in der Plexiglasscheibe. Es ist anzunehmen, dass sie weiß, dass sich Moritz damit das Leben nehmen möchte und dass dies die letzte Zusammenkunft der Geschwister ist.

Schmerz ist keine Privatangelegenheit
(Kap. 10–14, S. 47–59)

Zwangsuntersuchung und gerichtliche Vorladung

- Trotz ihrer Bemühungen findet Mia nicht zur Normalität zurück. Zu groß ist der Schmerz über den Verlust des Bruders.
- Sie versäumt das Klärungsgespräch, so dass sie sich einer amtsärztlichen Zwangsuntersuchung unterziehen muss.
- Vor Gericht lehnt sie jegliche Hilfsangebote der Richterin ab.
- Sie fühlt sich unverstanden und betont, dass sie keine „Anti-Methodistin" sei. Sie wolle einfach nur in ihrem Schmerz in Ruhe gelassen werden.
- Sie erhält eine Verwarnung und darf sich nichts mehr zuschulden kommen lassen.

In den Tagen nach Kramers Besuch versucht Mia vergeblich, zur Normalität zurückzufinden. Doch ihre guten Vorsätze scheitern im Ansatz. Gebrauchte Teller und Gläser hat sie zwar gesammelt, aber dann doch in einem Stapel auf dem Schreibtisch stehen lassen. Vorbereitete Blut- und Urinuntersuchungen hat sie einfach „vergessen" (47). Statt wie geplant die Fenster zu putzen, hat sie diese mit den Fingerspitzen verschmiert. So ist das „Chaos in der Wohnung größer als zuvor" (ebd.) – ein Spiegel ihres Seelenzustands. Physisch und psychisch erschöpft liegt sie auf dem Sofa in den Armen der imaginären Geliebten. Sie sagt von sich selbst, dass sie eine „besondere Begabung zum Schmerz" (48) habe, d. h. mehr leide als andere. Innerlich fühlt sie sich vollkommen leer. Horcht sie in sich hinein, findet sie „nichts" (ebd.).

Kap. 10: „Eine besondere Begabung zum Schmerz"

Gute Vorsätze scheitern

In dieser Lethargie hat Mia offensichtlich das Klärungsgespräch versäumt. Darauf deuten die Umstände der Untersuchung hin, zu der sie von zwei uniformierten „Sicherheitswächtern" (49) gebracht worden ist. Der Amtsarzt ist zwar gutmütig, dennoch fühlt Mia sich entwürdigt, als sie mit nacktem Oberkörper mehrfach verkabelt die Untersuchung über sich ergehen lassen muss. Mia fühlt sich zum Objekt degradiert wie eine „Bohnendose auf dem Kassenband im Supermarkt" (ebd.). Die medizinischen Werte sind in Ordnung. Sie sieht sich aber mit der Unterstellung des Methodenstaates konfrontiert, dass sie die Ergebnisse nicht abgegeben habe, weil sie

Kap. 11: „Bohnendose"

Zwangsuntersuchung degradiert Mia zum Objekt

eine Krankheit verbergen wolle. Mia wehrt sich gegen den impliziten Vorwurf, denn sie sei schließlich keine „Kriminelle" (ebd.).

Der Untersuchung folgt eine offizielle Vorladung des Gerichts zu einer Anhörung. Mia entschuldigt sich halbherzig, dass sie sich den obligatorischen Kontrollen entzogen habe. Die Vorsitzende Sophie bietet ihr daraufhin verschiedene Maßnahmen an, wie zum Beispiel einen medizinischen Betreuer, einen Kuraufenthalt und Wiedereingliederungsmaßnahmen, doch Mia lehnt zur Überraschung der Richterin dankend ab. Auf die Frage, warum sie sich nicht helfen lasse, antwortet Mia, dass sie ihren Schmerz „für eine Privatangelegenheit" (54) halte. Diese Auffassung erstaunt die Richterin umso mehr, steht sie doch im Widerspruch zur Ideologie des Staates. Mia fühlt sich unverstanden. Niemand könne begreifen, was sie durchmache.

Wie es in ihr aussieht, wird im folgenden Kapitel aus der auktorialen Erzählperspektive dargestellt. Nachts liegt Mia wach und wird von selbstzerstörerischen Phantasien geplagt. In Gedanken steht sie auf, zerschlägt mutwillig die Scheibe ihrer Penthouse-Wohnung und greift mit den Händen in die noch im Rahmen steckenden Glaszacken. Sie ist sich selbst entfremdet, kann aber nicht aus ihrer Haut. Sie steckt „wie in einem Fangnetz" (55), dem sie nicht entkommt. Ihre Miene erkennt sie nicht wieder, das Grinsen „gehört nicht zu ihr" (ebd.).

Auf Sophies Bitte, zu erläutern, was Mia mit Privatangelegenheit meine, erwidert sie, dass sie nur um „Ruhe und Zeit" (57) bitte. Als Naturwissenschaftlerin wisse sie, dass jedes Leben Schmerz vermeiden wolle und dass es die legitime Aufgabe des Staates sei, dieses Ziel zu erreichen. Deshalb betont sie, dass ihre von Schmerz geprägte Verfassung „nicht mit Querulantentum" (59) zu verwechseln sei. Sie sei gewiss keine „Anti-Methodistin" (ebd.). Sophie stellt als Bedingung, dass sie auf die Hilfsmaßnahmen verzichtet, wenn sich Mia nichts mehr zuschulden kommen lasse. Sie erteilt ihr deshalb eine offizielle Verwarnung.

Rückblende III: In der „Kathedrale" (Kap. 15, S. 60–63)

Rückzugsort im Sperrgebiet

* Der Versammlungsort der Geschwister in der Natur ist durch seine Bezeichnung religiös überhöht.
* Moritz prahlt mit seinem promiskuitiven Sexualverhalten. Um seine wechselnden Partnerinnen zu finden, missbraucht er die Zentrale Partnerschaftsvermittlung.
* Seine Vision vom Leben ist von allem geprägt, was im Methodenstaat verboten ist. Dazu gehört auch das Rauchen.
* Mia ist entsetzt über seine Vorstellungen und sein Verhalten.

Moritz führt seine Schwester zu einem Platz „jenseits der desinfizierten, hygienisch als unbedenklich geltenden Bereiche" (Mayr, 23) des Zukunftsstaates. Mia wehrt sich körperlich, als sie am „Ende des Weges" (60) angekommen sind, hinter dem ein Sperrgebiet beginnt. So muss ihr Bruder sie anfänglich buchstäblich hinter sich herziehen.

Kap. 15: „Fell und Hörner, erster Teil"

Moritz bezeichnet die kleine Lichtung am Fluss als „unsere Kathedrale" (ebd.), also als eine Kirche von besonderer Bedeutung. Unter den dort ausgeübten „religiösen" Handlungen versteht er Reden, Schweigen und besonders Angeln. Bezeichnenderweise setzt er sich zu diesem Zweck sofort auf die Erde, während seine Schwester noch mühsam an einem Tuch als hygienische Unterlage nestelt.

Religiöse Überhöhung des Rückzugsortes

Wie so oft, sprechen die Geschwister über Moritz' Frauenbekanntschaften. Er prahlt damit, seinen Sexualtrieb mit wechselnden Partnerinnen auszuleben und nicht daran zu denken, sich langfristig zu binden. Für sein promiskuitives Verhalten nimmt er die Dienste der Zentralen Partnerschaftsvermittlung in Anspruch, die er als „größte Puffmutter der Welt" (61) bezeichnet.

Moritz' zügelloses Sexualleben

Moritz' Lebenslust und Genusssucht zeigt sich auch in seinen gesellschaftlichen Visionen. Er träumt von einer Stadt voller gesundheitsschädlicher Vergnügungsmöglichkeiten, von lauter Musik in Billard-Cafés, Rauchen

Lebenslust im Widerspruch zum Staat

sowie Weintrinken aus schmutzigen Gläsern. In dieser „Stadt zum Leben" (62) gehen die Mädchen Hand in Hand, ermöglichen also durch die Berührung die Weitergabe von Bakterien. In dieser Welt sieht sich Moriz barfuß durch die maroden Gebäude und Baustellen gehen, genießend, wie „der Matsch durch die Zehen quillt" (63).

Mias Unverständnis

Es ist deutlich, dass er mit seinen Vorstellungen außerhalb des staatlichen Rahmens der METHODE steht. Auch Mia kann mit der Einstellung ihres Bruders nichts anfangen. Im Gegenteil, sie findet sie abstoßend und „grauenvoll" (ebd.). Als er sich am Ende eine Zigarette in den Mund schiebt, nimmt sie ihm diese sofort weg.

Eine Zigarette als Ordnungswidrigkeit (Kap. 16–18, S. 64–76)

KURZINFO

Strafprozess wegen Missbrauchs toxischer Substanzen

- In ihrer Wohnung raucht Mia eine Zigarette, um ihrem toten Bruder näher zu sein.
- Ihre Nachbarin Driss glaubt, dass ein Feuer ausgebrochen sei, und schägt Alarm.
- Richterin Sophie ist sichtlich verärgert, dass Mia zwei Tage nach der Vorladung wegen eines Gesundheitsdelikts sich wieder vor Gericht verantworten muss. Sie wird zu einer Geldstrafe in Höhe von zwanzig Tagessätzen verurteilt.
- Mias neu bestellter Pflichtverteidiger Rosentreter offenbart ihr, dass ihr Bruder als Methodenfeind auf einer Schwarzen Liste gestanden habe.
- Rosentreter überredet die Biologin, das Urteil anzufechten.

Kap. 16: „Rauch"

Driss hat Mia ihr Leben lang bewundert. Als junge Erwachsene gibt sie sich immer noch Tagträumen hin, in denen Mia regelmäßig die Hauptrolle spielt. Während sie an ihrem Lieblingsort, dem Platz vor Mias Wohnung, sitzt, stellt sie sich in Gedanken vor, wie sich Kramer und die Biologin hinter der Tür näherkommen und küssen.

Driss denunziert ihr Idol

Mia ist indes allein mit der idealen Geliebten und raucht eine Zigarette, um die Erinnerung an ihren Bruder mit allen Sinnen wachzuhalten. Voller Glück äußert sie, genauso habe er „gerochen" (65). Driss missdeutet den Rauch der Zigarette jedoch als Feuer in der Wohnung und verrät ihr Idol an die Behörden.

Nur zwei Tage nach ihrer Verwarnung muss sich Mia erneut vor Gericht verantworten. Diesmal ist es keine Güteverhandlung mehr, sondern ein Strafprozess wegen „Missbrauchs toxischer Substanzen [...] Paragraph 124 Gesundheitsordnung" (67). Es ist daher nicht verwunderlich, dass Richterin Sophie sichtlich verärgert über die Angeklagte ist. Mia ist hingegen verunsichert. Sie ist sich einer grundlegenden Veränderung bewusst. Bisher gab es für sie auf jede Frage genau eine richtige Antwort, nun verschwimmen die klaren Konturen. Sie verteidigt sich mit den Hinweis, sie müsse dauernd an Moritz denken: „Die Zigarette schmeckte nach ihm. Nach seiner Lebenslust. Seinem Freiheitsdrang." (69)

Kap. 17: „Keine Güteverhandlung"

Mias innerer Wandel

Für Sophie ist Mias Verhalten nicht nachvollziehbar. In ihren Augen wäre es „blanker Irrsinn, [Mia] fortfahren zu lassen" (ebd.). Sie setzt die Verhandlung aus und bestellt einen Pflichtverteidiger. Staatsanwalt Bell fordert für die begangenen Ordnungswidrigkeiten eine Geldstrafe von fünfzig Tagessätzen, doch Sophie korrigiert die Zahl auf zwanzig herunter.

Verringerung der Geldstrafe

Rosentreter, Mias Pflichtverteidiger, wird als „netter Junge" (70) beschrieben. Darüber hinaus wird er als ungeschickt und unprofessionell skizziert. So fällt ihm beispielsweise bei der Vorlage eines Dokuments zur Unterschrift ein ganzes Bündel Stifte zu Boden. Mia findet ihn auf den ersten Blick unsympathisch, seine Gegenwart tut ihr jedoch gut.

Kap. 18: „Ein netter Junge"

Rosentreter gibt zu, Mias Bruder gekannt zu haben. Als Prüfer der monatlichen Methodenschutzberichte weiß er, dass der Methodenschutz Moritz beobachten ließ. Mia kann nicht glauben, dass er auf einer „Schwarzen Liste" (73) gestanden habe. Ihr Bruder sei zwar ein „Freigeist" gewesen, aber er habe sich nicht „irgendeiner „schmuddeligen Widerstandsclique" (ebd.) angeschlossen. Der Anwalt behauptet, gerade Mias Anspielungen auf dessen Freiheitsdrang hätten die Richterin dazu veranlasst, die Verhandlung zu unterbrechen.

Schwarze Liste des Methodenschutzes

Die Protagonistin ist bereit, die Geldstrafe wegen der Ordnungswidrigkeit zu zahlen und damit den Rechts-

Beratungen über
Prozessstrategie

Vorausdeutung

streit zu beenden. Rosentreter versucht sie jedoch davon zu überzeugen, gerade das nicht zu tun. Er warnt sie davor, dass man sie für ihre schwierige Situation haftbar zu machen versuche. Am Ende werde man ihr vorwerfen, dass sie sich „gegen die Methode" (74) wende, eine Vorausdeutung, die sich bewahrheiten wird. Schließlich stimmt Mia zu, das Urteil anzufechten.

Öffentliche Kritik (Kap. 19–21, S. 77–89)

KURZINFO

Konfrontation

- Die Bewohner des Wächterhauses bedrängen Mia im Treppenhaus.
- Die Protagonistin fühlt sich innerlich zerrissen.
- Die ideale Geliebte vertritt deutlicher als je zuvor Moritz' Positionen. Sie fordert Mia auf, sich zwischen Angepasstheit und Widerstand zu entscheiden.
- Kramer wird in der Talkshow Was alle denken von Würmer interviewt. Er analysiert die Widerstandsgruppe R.A.K. (Recht auf Krankheit).
- Der Journalist verdeutlicht am Beispiel einer 34-jährigen Frau, wie man zu einer Regimegegnerin werden könne. Mia erkennt, dass sie selbst gemeint ist.

Kap. 19: „Wächter"

Konfrontation im
Treppenhaus

Als Mia vom Einkaufen nach Hause kommt, wird sie von ihren Nachbarinnen zur Rede gestellt. Um sie zu einem Klärungsgespräch zu zwingen, haben sie eine „Barriere aus Putzeimern" (77) aufgestellt. Driss möchte gern die widrigen Umstände erläutern und entschuldigt sich, dass sie den Vorfall gemeldet hat, doch die Pollsche und Lizzie sind auf Konfrontationskurs. Es wird schnell deutlich, dass sie sich als „Wächter" über Mias Einhaltung der Hygienestandards verstehen und ihr nicht einfach nur Hilfe anbieten wollen. So kommt es am Ende zu einer Art Handgemenge, als sich Mia aus Lizzies Griff befreien will und diese das Gleichgewicht verliert. In der Phantasie der Protagonistin hallt der unausgesprochene Satz nach, „das wirst du büßen" (78).

Kap. 20: „In
der Kommando-
zentrale"

Mias Verhältnis
zu ihrem Körper

In ihrer Wohnung wirkt Mia innerlich zutiefst zerrissen. Ihren Körper hat Mia „nie geachtet oder gar geliebt" (79). Für sie ist er nur eine „Maschine" (ebd). Mias Selbst ist davon abgespalten und befindet sich „oben in der Kommandozentrale" (ebd.). Während sie ihrem Körper Befehle geben kann, etwas zu tun, kann sie ihrem Geist das

Denken nicht verbieten. Äußerlich ist sie voller Tatendrang, will den Rückstand auf dem Hometrainer aufholen, aufräumen und putzen. Innerlich ist sie mehr denn je gelähmt von ihren Gedanken an den toten Bruder.

Die ideale Geliebte legt den Finger in die Wunde. Sie zweifelt daran, dass Rosentreter und etwas Sport „den Riss kitten, der quer durch [ihr] Innerstes verläuft" (81). Mia merkt, dass die imaginäre Figur die gedanklichen Positionen ihres Bruders vertritt, fühlt sich aber genauso wenig von ihr verstanden. Sie sei nicht schwach und angepasst, wie Moritz immer meinte, sondern „zu klug für den Narzissmus des Widerstands" (ebd.). Ihre innere Stimme sagt ihr aber voraus:

Innere Zerrissenheit

> „Was mit Moritz geschehen ist, kann nur richtig sein *oder* falsch", sagt die ideale Geliebte scharf. „Es gibt kein Dazwischen. Du wirst dich entscheiden müssen, Mia-Kind." (82)

Entscheidung zwischen Angepasstheit und Widerstand

Symbolisch siegt in diesem Moment der Geist des Widerstandes, denn Mia bricht das Fitnesstraining ab und setzt sich zur idealen Geliebten auf die Couch.

Im Fernsehen läuft die Talkshow mit dem bezeichnenden Titel WAS ALLE DENKEN. In den gleichgeschalteten Medien des Methodenstaates ist kein Platz für kritisches Gedankengut. Moderator Würmer hat deshalb für sein Interview auch nur einen einzigen Gast, den Chefideologen Heinrich Kramer, dem er die Bälle zuspielt. Thema der Sendung ist die Widerstandsgruppe R.A.K. (Recht auf Krankheit).

Kap. 21: „Recht auf Krankheit"

Die Forderung nach einem Recht auf Krankheit, so Würmer, widerspreche „dem gesunden Menschenverstand aufs Radikalste" (83). Kramer führt dazu aus, dass die R.A.K. keine Form organisierter Kriminalität, sondern ein locker verbundenes Netzwerk sei, was die Bewegung noch bedrohlicher mache (vgl. 84). Ihre Mitglieder seien keineswegs „Außenseiter, Gescheiterte oder Unterprivilegierte" (83), sondern normale, durchaus intelligente Menschen (vgl. 83 f.). Gemeinsam sei ihnen „ein reaktionärer Freiheitsglaube" (84), „der seine Wurzeln […] im zwanzigsten Jahrhundert hat" (ebd.).

R.A.K. als lockeres Netzwerk normaler Bürger

Unwissen als Er-
klärung für Anti-
Methodismus

Viele Aktivisten seien ursprünglich überzeugte Anhänger der METHODE gewesen. Eine Erklärung für ihre Wandlung sei ihr blankes Unwissen über die Geschichte, unterstellt Kramer. Er verdeutlicht seine These an einer – scheinbar fiktiven – 34-jährigen Frau, die keine persönliche Erinnerung mehr an körperliches Leiden haben könne (vgl. 85). Für sie gehöre Krankheit der fernen Vergangenheit an und sie erkenne nicht den methodenrechtlichen Anspruch auf Gesundheit als „eine der größten Errungenschaften der Menschheit" (ebd.).

Scheinbar fiktives
Beispiel einer
34-jährigen
Widerständlerin

Kramer malt aus, wie die 34-Jährige in eine emotionale Krise gerate, in der ihre persönlichen Bedürfnisse den Prinzipien der METHODE widersprächen. Statt an sich selbst zu zweifeln, beginne sie mit dem System zu hadern. Sie befinde sich in einen Teufelskreis, denn jede eigene Tat löse eine Reaktion aus, die ihren Zweifeln am Staat recht zu geben scheint. Sie werde zunehmend als nicht normal eingestuft, was sie einsam werden ließe. Eine neue Gemeinschaft finde sie am Ende nur bei den Methodenfeinden (vgl. 86 f.).

Historische
Gründe für die
Entwicklung der
METHODE

Kramer endet mit einem Exkurs über die Umstände, die den Anstoß zur Entwicklung der METHODE gegeben hätten. In der zweiten Hälfte des 20. Jahrhunderts habe ein Aufklärungsschub zu einem weitgehenden Werteverfall geführt. Jahrhundertealte Leitbegriffe wie Nation, Religion, Familie hätten radikal an Bedeutung verloren. In dieser Zeit der Auflösung seien viele Menschen orientierungslos gewesen, was eine weitverbreitete Angst vor dem Leben und der Zukunft ausgelöst habe.

> „Was waren die konkreten Folgen? Geburtenrückgang, die Zunahme stressbedingter Krankheiten, Amokläufe, Terrorismus. Dazu eine Überbetonung von privaten Egoismen, das Schwinden von Loyalität und schließlich der Zusammenbruch der sozialen Sicherungssysteme. Chaos. Krankheit. Verunsicherung." (88 f.)

Die METHODE habe diese Probleme gelöst. Der Journalist schlussfolgert, wer gegen den Methodenstaat sei, wolle zum „Zustand gesellschaftlicher Auflösung" (89) zurück. Er wende sich gegen Glück und Sicherheit eines jeden Einzelnen. Anti-Methodismus sei „ein kriegerischer Akt, dem wir mit Krieg begegnen werden" (ebd.). Mias innere Stimme, die ideale Geliebte, erkennt, dass mit der fiktiven Widerstandskämpferin, die Kramer beschrieben hat, Mia selbst gemeint ist. Seine Äußerungen sind also eine offene Kriegserklärung des Systems an sie.

Öffentliche Kriegserklärung an Mia

Rückblende IV: Stunden vor dem Rendezvous mit Sibylle Meiler (Kap. 22, S. 90–97)

Streit zwischen den Geschwistern

- Bei ihrem wöchentlichen Treffen in der „Kathedrale" sprechen sich beide Geschwister gegenseitig die Fähigkeit ab, einen Menschen zu lieben.
- Sie streiten auch über die Bewertung von Leben und Tod.
- Moritz ist geprägt von der eigenen Sterblichkeitserfahrung. Im Alter von sechs Jahren überlebt er eine Leukämieerkrankung nur durch eine Knochenmarkspende.
- Er hat sich in Sibylle Meiler ernsthaft verliebt. Anhand des schriftlichen Austausches miteinander glaubt er, in ihr eine Gesinnungsgenossin zu erkennen.

Am Tag des „Verhängnisses" (90) folgen die Geschwister ihrem wöchentlichen Ritual. Sie suchen die „Kathedrale" im Sperrgebiet auf. Wie immer wehrt sich die Schwester und findet den unhygienischen Wald bzw. das „vermutlich hochinfektiöse Wasser" (91) widerwärtig.

Kap. 22: „Das Ende vom Fisch"

Routinemäßig prahlt Moritz mit seinen Frauenbekanntschaften und deren Sexualpraktiken. Mia kann und will das nicht mehr hören, doch aus der üblichen Neckerei wird eine ernsthafte Auseinandersetzung. Sie konfrontiert ihn mit ihrer Auffassung, dass er grundsätzlich nicht in der Lage sei, „eine Frau wirklich zu lieben" (ebd.). Moritz ist sichtlich gereizt und kann nicht nachvollziehen, dass „ausgerechnet" (92) seine „vertrocknete" (ebd.) Schwester an seiner Liebesfähigkeit zweifelt. Sie sei im Grunde kein Mensch, denn Menschsein bedeute:

> „Der Mensch muss sein Dasein erfahren. Im Schmerz. Im Rausch. Im Scheitern. Im Höhenflug. Im Gefühl der eigenen Machtfülle über die eigene Existenz. Über das eigene Leben und den eigenen Tod." (Ebd.)

Moritz' Definition des Menschseins

Leben und Tod

Er hält ihr vor, sie suche eine spießerhafte, sterile Sicherheit. Mia kontert, sein hochtrabendes Gerede von Freiheit überdecke nur seinen Hass auf sich selbst. Er hasse sich sogar so sehr, dass er in Betracht ziehe, sich selbst zu töten. Für Moritz ist der Suizid in der Tat eine Handlungsoption. In der bewussten Entscheidung dagegen gewinnt für ihn das Leben an Wert. Mia hingegen fordert eine bedingungslose Verpflichtung zum Leben.

„Erlebnis der eigenen Sterblichkeit"

Moritz macht deutlich, dass seiner Schwester das „Erlebnis der eigenen Sterblichkeit" (95) fehle. Mit sechs Jahren war er an Leukämie erkrankt und überlebte nur durch eine Knochenmarkspende. Deshalb habe er sich intensiv mit Leben und Tod auseinandersetzen müssen. In diesem Zusammenhang habe er „echte" (ebd.) Gefühle entwickelt, die Mia seiner Ansicht nach nicht kenne.

Moritz' Verliebtheit

Der Schwester fällt Moritz' ungewohnte Ernsthaftigkeit auf. Er gesteht, dass er sich in Sibylle Meiler verliebt habe. Noch habe er sie nicht von Angesicht zu Angesicht gesehen, doch seit drei Tagen hätten sie sich geschrieben. Offensichtlich war der Inhalt des Austausches subversiv oder staatsgefährdend, denn die Zeilen würden für „volle drei Jahre" (96) Gefängnis reichen. Moritz ist sich sicher,

Rendevouz mit der Gesinnungsgenossin

dass Sibylle eine Gesinnungsgenossin sei, an die er sich länger binden könne. Schließlich sei sie vermutlich „genauso durchgedreht" (97) wie er. Noch für denselben Abend seien sie verabredet.

Scheitern von Rosentreters Prozessstrategie
(Kap. 23–25, S. 98–115)

Die Eigeninteressen Rosentreters werden enthüllt

- Sophie reagiert mit Unverständnis auf Mias Anfechtungsantrag, da die Geldstrafe für die Ordnungswidrigkeit äußerst milde war.
- Mia ist mit dem gerichtlichen Prozedere überfordert, sie wirkt hilflos.
- Der Härtefallantrag wird abgelehnt. Wegen Missbrauchs toxischer Substanzen wird die Protagonistin zu zwei Jahren auf Bewährung verurteilt.
- Die ideale Geliebte empfiehlt Mia das Lied „Which side are you on", ein kaum versteckter Hinweis, dass sie sich zwischen Konformität mit dem politischen System und Loyalität zu ihrem Bruder entscheiden müsse.
- Mia macht ihrem Anwalt nach der Verhandlung schwere Vorwürfe, da er ihre Lage verschlechtert habe.
- Nicht als Verteidiger, sondern als Mensch rät Rosentreter seiner Mandantin, sich zur Wehr zu setzen.
- Er gesteht, dass er eine Frau liebe, die nicht mit ihm immunologisch kompatibel sei, die er also nach den Gesetzen der METHODE nicht lieben darf.
- Rosentreter versucht, anhand von Mias Fall die Fehlbarkeit der METHODE zu belegen.

Als Mia wieder vor Gericht steht, wirkt sie geistesabwesend. Die Richterin muss sie regelrecht wachrütteln. Für ihren Antrag auf Anfechtung des Urteils über die zwanzig Tagessätze zeigt Sophie keinerlei Verständnis. Die Geldstrafe sei äußerst milde gewesen, „ein Friedensangebot" (99), um Mia wieder auf den rechten Pfad der Tugend zu bringen. Deren halbherzige, bisweilen kryptische Antworten lassen bei der Richterin schließlich den Geduldsfaden reißen. Sie erhöht die Geldstrafe auf 50 Tagessätze, obwohl Mia ihre medizinischen Daten nachgereicht hat.

Kap. 23: „Der Hammer"

Erhöhung der Geldstrafe für Ordnungswidrigkeit

Wegen des Missbrauchs toxischer Substanzen muss freilich erst das Strafmaß festgelegt werden. Mia ist geständig, die Zigarette geraucht zu haben. Ihr Verteidiger stellt dies gar nicht in Abrede, beantragt jedoch, die Rechtssache als Härtefall „nach Paragraph 28 GStPO" (101) zu betrachten. Mia habe „von Seiten des Systems eine unerträgliche Härte erlitten" (102). Sie wolle einfach nur in Ruhe gelassen werden. Der Härtefallantrag bedeutet in letzter Konsequenz, dass die Verteidigung in

Härtefallantrag: persönliche Umstände nicht ausreichend berücksichtigt

Abrede stellt, dass die Richterin in der Lage sei, die persönlichen Umstände der Angeklagten richtig einzuschätzen. Normalerweise ist dieser Paragraph für die „Opfer schwerer Justizirrtümer" (103) vorgesehen.

Verurteilung zu
zwei Jahren auf
Bewährung

Aus naheliegenden Gründen ist Sophie wütend und versucht, sich an verschiedenen Stellen der Verhandlung Autorität zu verschaffen. Am Ende lehnt sie den Härtefallantrag ab und verurteilt Mia wegen des Rauchens zu zwei Jahren auf Bewährung. Der Methodenschutz wird rountinemäßig über den gestellten Härtefallantrag in Kenntnis gesetzt.

Kap. 24: "Which
side are you on"

Überforderung
Mias

Während des gesamten Verfahrens wirkt Mia überfordert, ja fast schon „dumm" (102). Immer wieder blickt sie unsicher zu Rosentreter und drückt ihr Unverständnis gegenüber seinem Vorgehen aus. Häufig weiß sie nicht, was sie sagen soll. Als Ergebnis des gerichtlichen Fiaskos spitzt sich Mias innerer Konflikt immer stärker zu. Ihre innere Stimme sagt ihr abermals, dass sie sich zwischen dem politischen System und ihrem Bruder entscheiden müsse, verstärkt durch die Anspielung „Which side are you on" (105). „Which Side Are You On?" ist eine bekannte Gewerkschaftler-Hymne der amerikanischen Sozialaktivistin Florence Reece aus dem Jahre 1931. Das Lied wurde weit über den Bergarbeiterstreik im US-Bundesstaat Kentucky hinaus im 20. Jahrhundert von Menschen gesungen, die für ihre Rechte kämpften.

Bittere Vorwürfe
gegenüber
Rosentreter

Mia ist unfähig, alleine nach Hause zu gelangen, und wird von Rosentreter begleitet. Sie macht ihrem Verteidiger bittere Vorwürfe, dass er sie vor „Gericht ans Messer geliefert" (106) habe. Rosentreter schließt bemerkenswerterweise die Tür zum Schutz vor ungebetenen Zeugen. Er bittet Mia zu prüfen, worin ihr eigentliches Interesse bestehe. Sie glaube sicher nicht daran, dass ihr Bruder den Sexualmord begangen habe, weil sie ihn, d. h. seinen „Geist", seine „Seele", sein „Herz" (108), gekannt habe. Sie müsse sich wehren. Es sei lächerlich, dass das System ihr nicht gestatte, sich für einige Zeit zurückzuziehen, um zu trauern. Er sage Mia das nicht als Jurist, sondern „als Mensch" (109).

Rosentreter berät
„als Mensch"

In Artikel 1 der Präambel des Staates stehe, die METHODE diene dem „Wohl des Menschen" (110). Rosentreter werde in der nächsten Instanz Grundsatzfragen stellen. Sein Plan, so Mia, sei keine Verteidigungsstrategie, sondern ein „Feldzug" (ebd.) gegen das System. Der Anwalt müsse ihr schon erklären, warum er das mache. Schweren Herzens offenbart Rosentreter, dass er eine Frau liebe, die ein inkompatibles Immunsystem habe. Eine solche Liebe sei unzulässig und in den Augen der METHODE ein „Kapitalverbrechen" (113). Es sei juristisch gleichzusetzen mit dem „vorsätzlichen Verbreiten von Seuchen" (ebd.).

Kap. 25: „Unzulässig"

Mia meint, es sei sinnlos, dagegen anzukämpfen. Er solle seine private Tragödie nicht zu wichtig nehmen. Rosentreter kontert, sie sei eine „verbitterte, einsame Rationalistin" (114) und wisse nicht, was wirkliches Unglück bedeutet. Getroffen von seinem Vorwurf zeigt sie ihm ein Foto des erhängten Bruders in der Zelle. Der Anwalt muss innerlich zugeben, dass sie das größere Leid erfahren hat.

Foto des erhängten Moritz

Dann nimmt er den Faden wieder auf und macht ihr Hoffnung, dass er Akteneinsicht verlangen und eventuell sogar die Unschuld von Moritz beweisen könne. Er gesteht, dass er seit Jahren auf die Gelegenheit warte, „der METHODE ein Bein zu stellen" (115). Mithilfe ihres Falles könne er die Rechtsprechung zugunsten aller verändern.

Versuch, „der METHODE ein Bein zu stellen"

Kramers zweiter Besuch bei Mia (Kap. 26 und 27, S. 116–129)

KURZINFO

Moritz' ehemalige Krankheit ist Kramer und Rosentreter unbekannt

- Rosentreter hat Angst vor Kramer, weil er befürchtet, dass dieser sein Geheimnis bezüglich der Liebe zu einer falschen Frau ahnt.
- Der Journalist interessiert sich vor allem für Moritz. Er fordert Mia auf, von ihm zu erzählen.
- Die Schwester betont Moritz' Liebe zur Natur und schildert, dass er bis zu seiner Leukämieerkrankung Schnecken im Zimmer gehalten habe.
- Kramer und Rosentreter ziehen unterschiedliche Schlussfolgerungen daraus.
- Mias Verhältnis zu Kramer ist ambivalent. Es ist eine Art Hassliebe.

Kap. 26:
„Schnecken"

Inmitten der vertraulichen Besprechung zwischen Mia und ihrem Anwalt klingelt es an der Tür. Es ist Kramers zweiter unverhoffter Besuch. Rosentreter fühlt sich doppelt ertappt. Einerseits fürchtet er, dass Kramer das vorangegangene Gespräch belauscht haben könnte, andererseits mutmaßt er, der Ideologe könne etwas über seine verbotene Liebe wissen.

Kramers
überraschendes
Interesse an
Moritz

Kramer interessiert sich jedoch nicht für den Anwalt, sondern vor allem für Moritz. Das geplante Porträt Mias im GESUNDEN MENSCHENVERSTAND könne unter den geänderten Umständen nicht mehr stattfinden. Stattdessen bittet er die Biologin, mehr über ihren Bruder zu erzählen. Trotz der Warnungen der idealen Geliebten offenbart Mia einige Details. Moritz habe die Natur und „alles, was lebt" (125) geliebt. In einer Holzkiste habe er als Kind Schnecken gehalten, die er nachts freiließ.

Als er krank geworden sei, hätten die Eltern ihm die Schnecken weggenommen, um Ärger zu vermeiden. Es stellt sich heraus, dass weder Rosentreter noch Kramer von Moritz' Erkrankung wissen. Mia erläutert, dass ihre Eltern einen Antrag auf Löschung der Daten gestellt hätten, da Moritz vollständig geheilt werden konnte und keine erbliche Vorbelastung vorlag. Diesem Gesuch sei stattgegeben worden. Kramer ist verärgert darüber, dass seinen Mitarbeitern dies entgangen ist. Die Krankheit als solche interessiert ihn nicht. Auf der Basis seiner Lebensphilosophie ist klar: „einmal krank, immer krank" (124). Rosentreter hingegen fragt nach. Die Diagnose Leukämie bringt ihn offensichtlich auf einen Gedanken.

Krankheitsdaten
wurden auf
Antrag gelöscht

„Einmal krank,
immer krank"

Kramers
Schnüffelei

Während des gesamten Gesprächs spioniert Kramer Mia aus. Ohne sein Ansinnen irgendwie zu verbergen, spaziert er ungehindert durch die Wohnung. Dabei sichtet er die Fehlstandsanzeige des Hometrainers und die Bücher im Regal ebenso wie die Unterlagen auf Mias Schreibtisch. Sogar eine Schublade zieht er ungeniert auf, um belastende Beweise zu sammeln. Auch das Foto des erhängten Moritz entgeht ihm nicht.

Kap. 27:
„Ambivalenz"

Mias Verhältnis zu Kramer ist „ambivalent" (126). Es gibt Momente, in denen sie sich ungewollt hingezogen zu ihm fühlt. Sie bewundert seine Höflichkeit, seine Eleganz, seine Rhetorik und nicht zuletzt seine Hingabe bei alltäglichen Dingen wie z. B. beim Servieren einer Tasse heißen Wassers. Sie glaubt, dass sie beide aus „ähnlichem Holz geschnitzt" (127) seien, nämlich dass sie beide im Kern Nihilisten seien. Außerhalb dieser Sekunden, in denen sie sich vorstellt, Kramer lieben zu können, empfindet sie „vor allem Widerwillen" (128). Sie hasst ihn als Mörder ihres Bruders, als Machtmenschen und Schnüffler.

Zwischen Bewunderung, Liebe und Widerwillen

Wie um zu prüfen, welche Informationen Kramer von ihr gesammelt haben könnte, geht Mia seinen Weg durch die Wohnung noch einmal ab. In ihrem Bücherregal dürfte er unter anderem einen Philosophen der Aufklärung wie Jean-Jacques Rousseau und einen düsteren Visionär wie George Orwell bemerkt haben, dessen Roman *1984* als bekanntestes Beispiel für einen totalitären Zukunftsstaat gilt. Am Ende bleibt Mia abermals am Foto des toten Bruders hängen, was eine erneute Rückblende auslöst.

Mias Bücherregal

Rückblende V: In der Mordnacht (Kap. 28, S. 130–134)

KURZINFO

Eine Falle des Methodenschutzes
- Als Moritz zum verabredeten Zeitpunkt zu seinem Blind Date unter der Südbrücke kommt, ist Sibylle Meiler bereits tot.
- Er wartet neben der Leiche, bis die Polizei kommt.
- Mia hat Zweifel an seiner Darstellung, was zu einem Zerwürfnis führt.

Es ist bereits kurz nach Mitternacht an jenem verhängnisvollen Abend, als Moritz bei Mia Sturm klingelt. Nur mit Mühe reißt sich die Schwester zusammen, um beruhigend auf ihn einzuwirken. So gelingt es ihr unter Anstrengungen, die Ereignisse zu rekonstruieren. Moritz schildert, dass er beim Eintreffen unter der Südbrücke Sibylle Meiler tot aufgefunden habe. Sie sei „unten rum" (132) entblößt gewesen und ihr Körper noch ganz warm, was darauf hindeutet, dass sie noch nicht lang tot gewesen sein kann. Bis die Polizei erscheint, sei eine Ewigkeit ver-

Kap. 28: „Ohne zu weinen"

Rekonstruktion der Ereignisse

gangen. Er habe lang neben der Leiche gesessen. Die Frau sei noch schöner als auf dem Foto gewesen. In diesen Momenten habe er sich der Unbekannten sehr nahe gefühlt.

Mias Zweifel

Mia stellt wiederholt die Frage, was die Polizei denn von ihm gewollt habe. Das lässt die Deutung zu, dass sie Zweifel an seiner Darstellung hat, was auch Moritz merkt. Dies scheint ihn zu kränken, so dass er aus der Wohnung

Eine Falle

flieht. Später wird sich herausstellen, dass das Blind Date eine Falle des Methodenschutzes gewesen ist (vgl. 211). Moritz stand, wie Rosentreter bereits eingeräumt hat, unter Beobachtung.

Diffamierung in der Presse
(Kap. 29–31, S. 135–146)

KURZINFO

Mias „persönliche Anklageschrift" (141)

- Die Nachbarinnen erscheinen mit einer Ausgabe des GESUNDEN MENSCHENVERSTANDS. Mia ist auf der Titelseite abgebildet.
- Aufgrund ihrer Vorstrafe ist das Privileg des Wächterhauses gefährdet. Lizzie und die Pollsche fordern Mia auf auszuziehen.
- Kramer bringt in dem Leitartikel Moritz in Verbindung mit der R.A.K. und stuft ihn als Gefährder ein. Mias Anonymität wird aufgehoben.
- Die ideale Geliebte vergleicht die Protagonistin mit einer Hexe. Dieses Wort leitet sich ursprünglich aus dem Althochdeutschen ab (*hagzissa* oder *hagazussa*), wo es ein auf Zäunen oder in Hecken sich aufhaltendes dämonisches Wesen bezeichnet. Im Mittelhochdeutschen wurde es zu *hecse*.
- Die ideale Geliebte warnt Mia, sie könne nicht ewig eine „Zaunreiterin" sein, sondern müsse sich zwischen Opfer- oder Täterrolle entscheiden.

Kap. 29:
„Unser Haus"

Mia ist noch in Gedanken an Moritz, als ihre Nachbarinnen wütend klingeln. Sie informieren die überraschte Protagonistin, dass ihr Bild auf der Titelseite des GESUNDEN MENSCHENVERSTANDS zu sehen ist. Das Foto steht im Zusammenhang mit Kramers Kommentar „Bedrohung

Foto und namentliche Nennung

verlangt Achtsamkeit", in dem Mia und Moritz genannt und mit der R.A.K. in Verbindung gebracht werden. Lizzie und die Pollsche sind vor allem deshalb nicht gut auf Mia zu sprechen, weil die Privilegien des Wächterhauses gefährdet sind. Sie haben ein offizielles Schreiben erhalten, in dem die Vorstrafe der Biologin als Hindernis genannt wird, um erneut die Wächterhausplakette zu erhalten. Mia ist der Sachverhalt egal, doch die beiden Wächterinnen fordern sie explizit auf auszuziehen. Driss versucht sich dagegen von den beiden anderen Frauen zu distanzieren. Ihr wird aber unverhohlen gedroht, wenn sie zu Mia halte, würde sie als Nächstes in der Zeitung öffentlich diffamiert werden.

Driss versucht sich zu distanzieren

In einem Wutanfall schreit Mia das ganze Treppenhaus zusammen. Die fliehenden Nachbarinnen lassen das Exemplar der Zeitung zurück. Kramers Kommentar, den Mia nun liest, ist vollständig abgedruckt. Darin berichtet er von einer am Vortag eingegangenen terroristischen Bedrohung durch radikale Widerstandsgruppen. Nach zuverlässigen Quellen sei ein Angriff mit biologischen Waffen zu erwarten. Mögliche Ziele der Operationen könnten die Luftreinigungsanlagen und die Trinkwasserversorgung sein.

Kap. 30: „Bedrohung verlangt Wachsamkeit"

Experten zufolge sei ein „Zusammenhang mit dem Tod des 27-jährigen Studenten Moritz Holl zu vermuten" (139). Trotz des nachgewiesenen Mordes habe er nicht gestehen wollen. Sein Ausspruch „Ihr opfert mich auf dem Altar eurer Verblendung" sei in „methodenkritischen Kreisen zur Parole geworden" (140). Nach neuesten Erkenntnissen habe Holl als Kind eine schwere Krankheit durchgestanden. Seine Schwester, Mia Holl, sagte, er habe sich stets von allen unverstanden gefühlt. Diese und andere Indizien ließen keinen Zweifel daran, dass der Student „als ein Gefährder" (ebd.) einzustufen sei, dessen Tod die R.A.K. rächen wolle.

Moritz als Terrorist

Die ideale Geliebte wertet den Kommentar als Mias „persönliche Anklageschrift" (141). Ihre Anonymität sei nun aufgehoben, so dass sie handeln müsse. Doch Mia versteht die Tragweite der öffentlichen Diffamierung nicht und entgegnet der idealen Geliebten:

Kap. 31: „Die Zaunreiterin"

> „An gezuckten Achseln ist noch niemand gestorben. Aber an Heldentum und *Ideen* und Selbstaufopferung ist die Welt schon unzählige Male zugrunde gegangen. Was willst du von mir? Soll ich mich aus dem Fenster lehnen, Kramers Kopf fordern und die Revolution ausrufen?" (142)

Mia als Hexe

Aufforderung, sich zu entscheiden

Mia habe – beharrt ihre innere Stimme – gar keine andere Wahl. Sie müsse sich endlich zu ihrem Bruder bekennen, den Justizskandal öffentlich machen und Kramer wegen böswilliger Verleumdung anklagen. Die ideale Geliebte vergleicht die Protagonistin mit einer Hexe. Das Wort komme von „Hagazussa" und bezeichne einen „Heckengeist", ein „Wesen, das auf Zäunen lebt" (144). Zäune und Hecken seien Grenzen zwischen „Leben und Tod, Körper und Geist. Zwischen Ja und Nein" (ebd.). Die Hexe wisse nicht, zu welcher Seite sie gehöre. Ihr Reich sei das „Dazwischen" (ebd.). Mia müsse eine Seite wählen. Sie sei genauso wie Moritz, nur versuche sie, „ihr Anderssein hinter besonderer Systemtreue zu verstecken" (146), während ihr Bruder sein Außenseitertum offen gezeigt habe. Die Diskussion über Mias Entscheidungsschwäche löst eine weitere Rückblende aus.

Rückblende VI: Moritz' Verhaftung (Kap. 32, S. 147–150)

KURZINFO

Das Netz zieht sich zu

- Zwei Tag nach der Mordnacht treffen sich die Geschwister ein letztes Mal in der „Kathedrale".
- Moritz philosophiert über den Zwang zur Entscheidung.
- Er beansprucht eine eigene Deutungshoheit, deshalb würde er sich niemals einer Gruppe wie der R.A.K. anschließen.

Kap. 32: „Fell und Hörner, zweiter Teil"

Zwei Tage nach ihrem Zerwürfnis in der Mordnacht sind die Geschwister wieder vereint. Sie treffen sich an ihrem Rückzugsort, der „Kathedrale". Moritz hat sehr wohl Mias letzte Worte an der Tür gehört, sie sei sein „Zuhause" (147). Moritz philosophiert über Leben und Tod. Jede Begegnung mit anderen zwinge zur Entscheidung.

> „Entweder, du begehst einen Verrat an dir selbst, oder du sagst, was du denkst – und bringst dich in Gefahr." (148)

Persönliche und allgemeine Wirklichkeit

Er beansprucht für sich absolute Freiheit, in seinen Worten: eine „persönliche Wirklichkeit" (149). Er wolle sich von nichts und niemandem bevormunden lassen. So schließt er es kategorisch aus, sich einer Widerstandsgruppe wie der R.A.K. anzuschließen, weil er dann gezwungen wäre, bestimmte Dinge zu sagen oder zu tun. Mia warnt ihn davor, seine persönliche Wirklichkeit über alles zu stellen und die allgemeine Perspektive auszublenden. Ihr Bruder gibt ihr recht. „Der freie Mensch gleicht einer defekten Lampe" (ebd.), er müsse flackern, d. h. wechseln zwischen den beiden Polen. Plötzlich sind sie umringt von Polizisten, die Moritz wegen Vergewaltigung und Mord an Sibylle Meiler festnehmen.

Moritz'
Festnahme

Überraschende Wende im Prozess (Kap. 33–35, S. 151–170)

Sibylle Meilers Mörder ist der Knochenmarkspender Walter Hannemann

- Mia wird wie ihr Bruder in der „Kathedrale" verhaftet. Ihr werden methodenfeindliche Umtriebe sowie die Führung einer methodenfeindlichen Vereinigung vorgeworfen.
- Im Strafprozess wird Mia einer Gesinnungsprüfung unterzogen. Sie bekennt sich zur METHODE und will mit Revolutionen nichts zu tun haben.
- Rosentreter beantragt die Zulassung von prozessrelevantem Material aus dem Fall gegen Moritz Holl. Er beweist, dass Moritz durch die Knochenmarkspende die DNA seines Spenders Walter Hannemann übernommen habe. Damit könnte dieser der Mörder sein.
- Kramer versucht die Bekanntgabe dieser Schlussfolgerung vergeblich zu verhindern. Die Verhandlung endet in einem Tumult.

Mias Verhaftung verläuft unter den exakt gleichen Umständen wie die ihres Bruders. Auch ohne Moritz hat sie an den wöchentlichen Gängen zur „Kathedrale" festgehalten. Sie genießt die Natur, die Freiheit und kopiert sogar Moritz' Verhalten, indem sie eine Zigarette raucht, als sie dort von der Polizei aufgegriffen wird.

Kap. 33:
„Das Recht zu schweigen"

Vor Gericht wird zunächst die Anklageschrift verlesen. Es sind primär politische Straftatbestände, die Mia vorgeworfen werden. Ihr werden „methodenfeindliche Umtriebe in Tateinheit mit der Führung einer methodenfeindlichen Vereinigung zur Last gelegt" (155). Zweitens sei sie an einem „Treffpunkt mutmaßlicher R.A.K.-Sympathisanten" (156) aufgegriffen worden. Nicht zuletzt habe sie ausgesagt, sich dort mit niemandem getroffen zu haben. *Niemand* sei aber möglicherweise der Deckname eines

Kap. 34:
„Härtefallantrag"

Anklageschrift im Strafprozess

„Verbindungsmanns der R.A.K." (ebd.). Dazu komme der wiederholte Missbrauch toxischer Substanzen.

Politische Gesinnungsprüfung

Anschließend wird Mia einer politischen Gesinnungsprüfung unterzogen. Für die meisten der Anwesenden spricht sie in Rätseln und argumentiert als Naturwissenschaftlerin. Mit der Metapher eines Wolfsrudels, das seinen Anführer tot beißt, gibt sie zu verstehen, dass es in der Geschichte der Menschheit normal sei, dass Bürger sich gegen die Regierung erheben. Sie aber wolle mit solchen „Revolutionen" (159) nichts zu tun haben. Sie sei eine Anhängerin der METHODE. Was sie jedoch vom Staat erwarte, sei „Unfehlbarkeit" (161).

Forderung nach Unfehlbarkeit der METHODE

In eine erregte Stimmung hinein beantragt Rosentreter die Zulassung von prozessrelevantem Material aus dem Fall Moritz Holl. Sophie ist abgelenkt, hat Mitleid mit dem scheinbar überforderten Verteidiger und glaubt ihre Autorität vor allem gegenüber Staatsanwalt Bell und dem stellvertretenden Richter Hutschneider durchsetzen zu müssen. Deshalb gibt sie dem Antrag statt und „unterschreibt damit ihr berufliches Todesurteil" (162).

Sophies berufliches Todesurteil

Identische DNA mit Knochenmarkspender Hannemann

In langen Ausführungen tritt Rosentreter den Beweis an, dass Moritz durch eine Stammzellentransplantation die DNA seines Knochenmarkspenders Walter Hannemann angenommen habe. Damit wird dieser zum mutmaßlichen Mörder an Sibylle Meiler. Rosentreters Schlussfolgerung sät grundsätzliche Zweifel an der Unfehlbarkeit des Systems.

Der überrumpelte Kramer wird in die Schranken gewiesen

Der anwesende Kramer merkt als einer der Ersten, auf was Rosentreter hinaus will. Er wird „bleich" (166) und ist erstmalig im Leben vom Lauf der Ereignisse „überrumpelt" (ebd.). Obwohl er nicht die Befugnisse dazu hat, fordert er die Richterin auf, die langatmige Beweisführung zu unterbinden. Sophie macht einen zweiten entscheidenden Fehler und weist ihn in seine Schranken, so dass das Verhängnis seinen Lauf nimmt. Der Verhandlungstag endet in einem Tumult. Die Vorsitzende Richterin lässt ihren Tränen freien Lauf.

In der Offensive (Kap. 36–38, S. 171–187)

Offenes Bekenntnis gegen die METHODE

- Die Prozesswende wird zu einem Medienspektakel.
- Im Wächterhaus löst die Sensation unterschiedliche Reaktionen aus.
- Rosentreter genießt den momentanen Triumph. Er verordnet Mia einen Rückzug aus der Öffentlichkeit, doch sie entscheidet sich für ein öffentliches Bekenntnis: für Moritz und gegen das System.
- Sie bittet Kramer um ein Gespräch, damit er das von ihr verfasste Pamphlet veröffentlicht.
- In dem Bekenntnis „Wie die Frage lautet" (186 f.) entzieht sie allen Bereichen von Gesellschaft und Staat das Vertrauen.

Am Beispiel des Wächterhauses wird deutlich, dass die überraschende Wendung vor Gericht zu einem Medienspektakel wird. In Fernseh-Interviews wird Mia gefragt, ob die METHODE noch als „legitim" (170) gelten könne, wenn sie mit solchen Fehlern behaftet sei. Die Protagonistin ist vorsichtig und gibt keine Antwort darauf, schiebt aber nach, dass sie es sei, die diese Frage immer wieder stellen werde (vgl. ebd.).

Kap. 35: „Das ist die Mia" – ein Medienspektakel

Die Reaktionen fallen freilich unterschiedlich aus. Driss kann ihr Glück kaum fassen, sie fühlt sich bestätigt, schon immer gewusst zu haben, dass Mia „eine Gute" (169) sei. Die Pollsche hingegen ist nicht überzeugt. Auf nichts könne man sich mehr verlassen. Der Nachbarin tut auch ihr früheres Verhalten nicht leid. Für Rosentreter ist es der Tag seines Lebens. Nach mittelmäßigen Leistungen im Jurastudium waren Erfolge vor Gericht eher selten. Nun feiert er den „größtmöglichen Triumph" (171). Vom ungewohnten Champagner berauscht rät er Mia zur Zurückhaltung, zum zeitweiligen Rückzug aus der Öffentlichkeit. „Keine Interviews [...]. Keine Fernsehauftritte" (173) lautet seine durchaus kluge Strategie.

Reaktionen im Wächterhaus

Kap. 36: „Der größtmögliche Triumph"

Mia hat ihren inneren Konflikt beigelegt und sich entschieden. Sie will sich ein für alle Mal zu Moritz bekennen und die METHODE als „Unrechtssystem" (174) brandmarken – genau so, wie es die ideale Geliebte gefordert hat. Mia geht aber noch einen Schritt weiter und plant eine öffentliche Bekenntnisschrift. Dazu brauche

Mia will an die Öffentlichkeit

sie Rosentreter nicht, dem sie ihren Champagner verächtlich über die Brust kippt.

Kap. 37: „Die zweite Kategorie"

Um die größtmögliche Öffentlichkeit zu erreichen, kontaktiert sie Heinrich Kramer. Bevor sie ihm ihr Pamphlet diktiert (vgl. 186 f.), kommt es zu einem längeren Austausch zwischen den beiden, bei dem Mia deutlich Oberwasser hat. Sie stellt ihm Fragen im Rahmen einer außergerichtlichen Gesinnungsprüfung. Kramer muss eingestehen, dass sie gelernt habe, „ihre Waffen zu gebrauchen" (178). Für ihn gibt es zwei Kategorien von Ereignissen. In der ersten sind die guten, in der zweiten die schlechten, die den Menschen und das System behindern. Im Augenblick ist er nur mit Ereignissen der zweiten Kategorie konfrontiert. Vor dem Gericht hat sich eine 100-köpfige Gruppe „Unzufriedener" (ebd.) versammelt. Würmer, sein Schüler, hat dazu aufgerufen, „sich den neuen Entwicklungen anzupassen" (179).

Protestversammlungen und Würmers Aufruf in einer Fernsehsendung

An Kramers rhetorisch ausgefeilten Ausführungen zur METHODE im Vergleich zu vorangegangenen Systemen erkennt Mia zweierlei: Zum einen sei er ein „glänzender Demagoge" (181), zum anderen sei er aber der wahren Überzeugung, dass „ein System so gut wie das andere" (ebd.) sei. Kramer widerspricht nicht. Die METHODE funktioniere gut. Es gebe „keinen Grund, sie durch etwas anderes zu ersetzen" (183).

Kramers wahre Überzeugung

Die Biologin fühlt sich dem Journalisten auch deshalb überlegen, weil sie über sein simples Rationalisieren hinausgekommen sei. Sie könne jetzt mit dem „Herzen denken" (ebd.). Auf die Frage, woran dieses neu erwachte Herz denn denke, antwortet Mia provozierend: „An Freiheit." (184) Abschließend kommt Mia zu ihrem eigentlichen Anliegen. Sie will Kramer als „Sprachrohr" (ebd.) missbrauchen und appelliert an seinen Ehrenkodex, dass er das Notierte auch wortwörtlich abdrucke. Der Journalist stimmt zu, auch wenn das Ereignis als solches zur zweiten Kategorie gehört.

Mit dem Herzen denken

Kramer als Sprachrohr

Kap. 38: „Wie die Frage lautet"

Mias Bekenntnis mit dem Titel „Wie die Frage lautet" ist eine Generalabrechnung mit dem Methodenstaat. Mit der anaphorischen Formel „Ich entziehe [...] das Vertrauen" (186) negiert sie ihre Zustimmung zu sämtlichen Bereichen von Staat und Gesellschaft: dem Primat von Körper und Gesundheit, der Sicherheit, der Moral, der Politik, dem Recht, der Wissenschaft und der Philosophie. Nicht zuletzt übt sie Kritik an ihren Eltern und entzieht sich schließlich selbst das Vertrauen, da ihr Bruder sterben musste.

Generalabrechnung mit dem Methodenstaat

In Untersuchungshaft (Kap. 39–43, S. 188–213)

KURZINFO

Haftbefehl wegen Suizidgefahr

- Kramer droht damit, dass die METHODE an der Biologin ihre Macht demonstrieren werde.
- Nachdem sich Mia zu ihrem Bruder bekannt hat, verlässt die ideale Geliebte die Protagonistin.
- Mia wird zu einer Bedrohung des Systems und nach ihrer Verhaftung zu einer Galionsfigur des Widerstandes.
- Kramer holt in der Talkshow WAS ALLE DENKEN zum Gegenschlag aus. Er spricht davon, dass „das aktuell grassierende Virus" und die von ihm übertragenen infektiösen Gedanken (vgl. 200 f.) vernichtet würden. Diese Androhung ist der „Anfang vom Ende im Fall im Holl" (201).
- Im Gefängnis bedrängt Kramer Mia, ein vorgefertigtes Geständnis zu unterschreiben. Moritz und Mia hätten alles geplant, sie seien die Anführer der Widerstandsgruppe *Die Schnecken*. Hinter ihrem Kontaktmann namens *Niemand* verberge sich der TV-Journalist Würmer.
- Kramer deutet an, dass es sich bei der Inszenierung des Mordes an Sibylle Meiler um eine Falle des Methodenschutzes handelt. Hannemann hat sich inzwischen selbst getötet.

Der Journalist bedankt sich für das Pamphlet, das er als „rhetorische Massenvernichtungswaffe" (188) bezeichnet. Zu Mias Verwunderung spricht er davon, dass sie gemeinsame Sache machen würden. Damit meint er, dass er sie als Angriffsfläche des Systems brauchen würde. Der Mechanismus erinnert ihn an das parlamentarische Instrument der Vertrauensfrage. In Krisensituationen kann die Regierung mit Rücktritt drohen, um das Parlament zu zwingen, die Regierung weiterhin zu unterstützen. Vielleicht – so Kramer – sei es an der Zeit, dass die METHODE eine Art Vertrauensfrage stelle, um die Bevölkerung stärker vereint hinter sich zu bringen.

Kap. 39: „Vertrauensfrage"

Merkwürdigerweise drückt er abschließend seine Hoffnung aus, dass sich Mia in ihrer Wohnung „wohlgefühlt habe" (188), was eine abgeschlossene Handlung impliziert. Auch die ideale Geliebte spricht auf einmal in der Vergangenheitsform. Sie sieht ihren Auftrag als erfüllt an, nämlich zu erreichen, dass Mia uneingeschränkt an ihren Bruder glaubt. Obwohl es ihr schwer fällt, verlässt die imaginäre Figur die Protagonistin.

Auftrag der idealen Geliebten ist erfüllt

Kap. 40: „Sofakissen"

Gewaltsame Festnahme

Mia schläft vermeintlich in den Armen der idealen Geliebten ein, die sich als Sofakissen entpuppt. Ein Sonderkommando des Methodenschutzes bricht die Tür auf. Mia setzt sich zur Wehr, wird aber nicht zuletzt durch eine Beruhigungsspritze außer Gefecht gesetzt. Das Sofakissen wird ihr gewaltsam entrissen. Driss, die versucht, Mia zu verteidigen, wird von einem Methodenschützer abgedrängt, prallt gegen den Türrahmen und sinkt bewusstlos zu Boden.

Kap. 41: „Freiheitsstatue"

Bedrohung für das System

In der Untersuchungshaft informiert Rosentreter seine Mandantin über das Geschehen außerhalb. Ihre Proklamation habe „eingeschlagen wie eine Bombe" (195). Mia sei eine ernste Bedrohung für die METHODE geworden. Dies sei auch der wahre Grund für ihren Gewahrsam. Angeblich wolle man sie vor sich selbst schützen, da Suizidgefahr – so der offizielle Haftbefehl – bestehe.

Integrationsfigur eines Massenprotests

Mit ihrer Inhaftierung ist Mia aber erst recht zu einer Galionsfigur des Widerstandes geworden. Zehntausende demonstrieren für ihre Freilassung. Würmer fordert eine Grundsatzdiskussion im Methodenrat. Auch die R.A.K. erklärt sich solidarisch mit Moritz und Mia. Eine solche Bewegung habe man seit Jahrzehnten nicht gesehen. Mia erkennt, dass sie allen Unzufriedenen und Andersdenkenden das Gefühl gegeben habe, nicht allein zu sein. Sie bezeichnet sich selbst als eine „Freiheitsstatue, geformt aus Fleisch und Knochen" (198).

Kap. 42: „Der gesunde Menschenverstand"

Kramer ist laut Rosentreter scheinbar ziemlich angeschlagen. Davon ist jedoch nichts mehr zu spüren, als er die Talkshow WAS ALLE DENKEN für eine Art Regierungserklärung nutzt. Die Straßen sind leer gefegt, der Chefideologe erreicht ein Millionenpublikum. Von Würmer, dem Moderator der Sendung, ist nichts zu sehen. Besonders am Ende der One-Man-Show wird es spannend. Kramer warnt vor der Gefahr „infektiöser Gedanken" (200). Die METHODE habe aber das „aktuell grassierende Virus bereits identifiziert. Es werde vernichtet" (201). Jeder – auch die Protagonistin – weiß, was damit gemeint sei. Es ist der „Anfang vom Ende im Fall Mia Holl" (ebd.).

Änkündigung, Mia zu vernichten

Vier Tage nach ihrer Verhaftung besucht Kramer seine Gegnerin in ihrer engen, unmöblierten Zelle. Trotz der Umstände sind die beiden Kontrahenten auf Augenhöhe und messen sich verbal:

Kap. 43: „Geruchlos und klar"

> „Besitzt es nicht eine gewisse Größe, wie unsere Manifeste einander gegenüberstehen? Zwei Krieger mit aufgepflanzter Waffe und heruntergelassenem Visier. Verstand gegen Gefühl. Meine präzise Logik gegen Ihre aufgewühlten Emotionen. Man könnte fast sagen: Das männliche gegen das weibliche Prinzip." (203)

Mia werde zur Rechenschaft gezogen werden, wenn die R.A.K. Anschläge verübe, um die Anliegen der Geschwister Holl zu unterstützen. Um ihr ein schlechtes Gewissen zu machen, fragt Kramer, ob sie den Tod Unschuldiger verantworten wolle. Mia entgegnet jedoch, dass sie mit der R.A.K. nichts zu tun habe (vgl. ebd.).

Mias Verantwortung für Anschläge der R.A.K.?

Sie erfährt, dass die Gespräche mit ihrem Anwalt abgehört werden. Kramer rechtfertigt dies mit dem Hinweis, dass für Methodenfeinde die „Gesetze des Ausnahmezustandes" (206) gelten. Schließlich bittet er sie, ein vorgefertigtes Geständnis zu unterschreiben. Inhalt des Textes, den er mündlich zusammenfasst, ist, dass Moritz Anführer einer Widerstandszelle mit dem Namen *Die Schnecken* gewesen sei. Die Geschwister hätten den Plan ausgetüftelt, mithilfe des Knochenmarkspenders Hannemann einen „Justizskandal [auszulösen], der die METHODE in ihren Grundfesten erschüttern sollte" (210).

Vorgefertigtes Geständnis

Mia habe ihrem Bruder, der als Märtyrer in die Geschichte eingehen wollte, dabei geholfen, sich das Leben zu nehmen. Davon gebe es Videoaufnahmen. Darüber hinaus habe sie nach dessen Tod die Führung der

Mias persönliche Schuld

Schnecken übernommen. Sie habe in ihrem Geheimversteck regelmäßig eine Kontaktperson getroffen, die unter dem Namen *Niemand* auftrete. Dahinter verberge sich der junge Journalist Würmer. Kramer macht vage Andeutungen, dass das Blind Date mit Sibylle Meiler eine Falle des Methodenschutzes gewesen sei. Inzwischen habe sich Hannemann übrigens auch das Leben genommen. Es gibt gute Gründe, anzunehmen, dass der Freitod des mutmaßlichen Mörders vom Geheimdienst der METHODE „inszeniert" (Mayr, 2019, S. 97) sei, um ihn zum Schweigen zu bringen.

Machenschaften des Methodenschutzes

Mia weigert sich, das Geständnis zu unterschreiben. Kramer gibt sich geduldig und siegessicher. Er werde wiederkommen. Gleichzeitig sammelt er die leeren Nahrungsmitteltuben mit Mias Fingerabdrücken ein.

Mias Weigerung

Manipulierte Beweise und Zeugen (Kap. 44 und 45, S. 214–228)

Mia wird in der Öffentlichkeit als Terroristin dargestellt
- Widerwillig ersetzt Hutschneider seine Kollegin Sophie als Vorsitzender Richter.
- Würmer identifiziert Mia vor Gericht als Anführerin der methodenfeindlichen Widerstandsgruppe *Die Schnecken*.
- Die Stimmung kippt. Die Solidaritätswelle für Mia bricht zusammen, als sie durch Intrigen Kramers zu einer gefährlichen Terroristin stilisiert wird.
- Auch Rosentreter möchte sich von ihr distanzieren. Hintergrund ist unter anderem, dass seine heimliche Geliebte mit dem Engagement für Mia nicht einverstanden ist.

Kap. 44: „Würmer"

Sophie ist wegen angeblicher Befangenheit ihres Vorsitzes enthoben und versetzt worden. Ihr Stellvertreter Hutschneider, gediegener Familienvater kurz vor der Pensionierung, nimmt widerwillig ihre Funktion ein. Er fürchtet nicht nur den Presserummel, sondern auch um sein eigenes Leben. An seinem ersten Verhandlungstag belastet der Kronzeuge im Fall Mia Holl die Angeklagte schwer. Der als *Niemand* vorgestellte Mann identifiziert sie öffentlich als Anführerin der methodenfeindlichen Widerstandsgruppe *Die Schnecken*. Mia erkennt in dem nervös wirkenden Zeugen den Journalisten Würmer.

Hutschneiders Angst

Niemand als Kronzeuge

Die Protagonistin versucht mehrfach Kontakt mit ihm aufzunehmen. Dabei erinnert sie ihn an seine methodenkritischen Äußerungen. Würmer kann ihr jedoch nicht in die Augen schauen. Stattdessen versucht er, so schnell wie möglich den Zeugenstand zu verlassen. Mias Kenntnis seiner wahren Identität und seiner Ideen wird von Hutschneider belastend ausgelegt.

Kontaktaufnahme scheitert

Bei einem Besuch Rosentreters in der Haftanstalt muss Mia erfahren, dass sich die öffentliche Meinung ihr gegenüber geändert hat. Es gibt keine Demonstrationen mehr außerhalb des Gefängnisses, seitdem sie medial von Kramer zur Terroristin stilisiert worden ist. Mithilfe der Nahrungsmitteltuben aus ihrer Zelle, in die er so viel Botulinum (ein starkes Nervengift) einfüllen lässt, „um das halbe Land zu vernichten" (223), entsteht der dringende Verdacht, dass sie die Trinkwasserversorgung sabotieren wollte. Pläne der Stromversorgung und der Kanalisation auf ihrem Computer sowie Zeugenaussagen scheinen Mias Schuld zu beweisen. Obwohl sie ganz natürliche Erklärungen für diese Dinge hat, macht ihr Rosentreter die Aussichtslosigkeit ihrer Situation klar.

Kap. 45: „Keine Liebe der Welt"

Mediales Bild einer gefährlichen Terroristin

> „Es geht nicht einmal um Botulinum-Funde, sondern um die Tatsache, dass die Datenspur eines Menschen Millionen von Einzelinformationen enthält, aus denen sich jedes beliebige Mosaik zusammensetzen lässt. Wenn die METHODE glaubt, in Mia Holl einen Gefährder vor sich zu haben, dann sieht sie auch einen Gefährder." (226)

Datenspur als beliebiges Mosaik manipulierbar

Der Anwalt möchte am liebsten sein Mandat niederlegen, kann aber nicht sein berufliches Ethos ignorieren. Innerlich ist er längst auf Distanz zu Mia gegangen, die für ihn unberechenbar ist und durch ihre Kontakte zu Kramer den Prozess in eine ungewollte, unkontrollierbare Richtung gelenkt hat. Vor allem aber nagt in ihm, dass sich seine heimliche Geliebte wegen seines Engagements für Mia von ihm getrennt hat. Er habe seiner Geliebten sagen müssen, dass er mit dem Prozess ein Zeichen habe setzen wollen, damit sie beide zusammenleben könnten. Seine Geliebte habe ihm daraufhin eine Szene gemacht, wie er es wagen könne, ihre Liebe über das Wohl der Allgemeinheit zu stellen: „Keine Liebe der Welt […] rechtfertigt die Verteidigung einer Terroristin." (227)

Trennung Rosentreters von seiner Geliebten

Am Ende des Besuchs reicht Rosentreter Mia heimlich eine lange Nadel durch die Plexiglasscheibe. Die Szene erinnert daran, wie die Protagonistin ihrem Bruder die Angelschnur für seinen Freitod übergeben hat.

Folter (Kap. 46–48, S. 229–249)

Wie im Mittelalter

- Kramer bietet für ein Geständnis mildernde Umstände an. Statt eingefroren zu werden, könnte Mia eine Haftstrafe erhalten.
- Mia lehnt das Angebot ab. Sie will weder ihren Bruder noch sich selbst verraten.
- Da sie bei ihrem Widerstand bleibt, wird sie mit Elektroschocks und Lichtblitzen gefoltert.
- Als Kramer sie erneut in der Zelle besucht, hat es den Anschein, als ob sie mit der Nadel in sein Auge stechen wolle.
- Am Ende operiert sie sich damit den implantierten Chip aus ihrem Oberarm.

Kap. 46:
„Mittelalter"

Mia ist wütend über Kramers Machenschaften und fordert von ihm eine Gegendarstellung. Er wisse wohl nicht, dass sich die Botulinum-Bakterienkulturen nicht in den luftleeren Behältnissen vermehren könnten. Einen Moment lang denkt sie sogar darüber nach, auf den wehrlosen Journalisten loszugehen.

Mildernde
Umstände bei
Geständnis

Kramer ist nach wie vor stark an einem Geständnis gelegen. Moritz' fehlendes Geständnis hat schließlich für weitreichende Verwicklungen gesorgt. Deshalb bietet er Mia „umfangreiche Privilegien" (231) an, und zwar die Verurteilung zum Scheintod durch Einfrieren. Damit sei die Chance verbunden, „unter veränderten politischen Bedingungen rehabilitiert zu werden" (ebd.). Es sei aber auch möglich, „im Falle eines Geständnisses auf mildernde Umstände zu erkennen" (ebd.). Dann würde Mia eine Gefängnisstrafe erhalten.

Hexenfluch

Die Protagonistin bleibt jedoch standhaft. Die METHODE habe ihr alles genommen, geblieben seien nur der „Geist" (232) und die Würde. Als Kramer entgegnet, ihr Bruder hätte das nicht gewollt, schreit sie, er solle an Moritz' Namen ersticken, wenn er ihn noch einmal ausspreche.

Kramer erinnert dies an einen Hexenfluch, den er rhetorisch versiert kontert (vgl. ebd.).

Er wechselt dann die Strategie, indem er Mia ihre Verantwortung klarmacht. Menschen würden ohne Grund ihren Gesundheits- und Hygienepflichten nicht mehr nachkommen. Wenn das einreiße, drohe eine Epidemie. Darüber hinaus werde sich jeder Widerstand in Zukunft auf Moritz berufen. Als Mia darauf beharrt, sie werde weder sich noch ihren Bruder verraten, droht er ihr schließlich mit mittelalterlichen Methoden, d. h. Folter. Sie ist entsetzt, fühlt sich aber bestätigt in ihrer Annahme, dass sich über die Jahrhunderte nichts geändert habe.

Appell an Mias Verantwortung

Androhung der Folter

> „Das Mittelalter ist keine Epoche. Mittelalter ist der Name der menschlichen Natur." (235)

Kramer lässt ihre Analyse unwidersprochen stehen. Er selbst werde bei der Folter wegen seines nervösen Magens nicht zugegen sein.

Da Mia nicht einknickt, wird sie stundenlang mit Elektroschocks gefoltert. In dieser qualvollen Zeit versucht sie sich gut zuzureden, es sei „nur der Körper" (237), der leide. Schlimmer noch als die Stromschläge ist das Lichtflackern, das sie am Einschlafen hindert. „Jeder neue Lichtblitz fährt ihr wie ein Messer ins Hirn." (238) Währenddessen kommen ihr existenzielle Fragen in den Sinn.

Kap. 47: „Es' regnet"

Elektroschocks und Schlafentzug

Als sie endlich schlafen darf und wieder aufwacht, blickt sie in Kramers Gesicht, der ihre Wunden versorgt. Trotz ihrer körperlichen Angeschlagenheit gibt Mia sich kämpferisch. Sie lässt ihn die Nadel aus dem Versteck holen und hält ihm diese direkt vor sein rechtes Auge. Kramer wehrt sich nicht, in seiner Selbstsicherheit glaubt er nicht an einen verletzenden Angriff. Mia gibt zu, sie habe sich die Nadel beschaffen lassen, um sie ihm „durchs Auge ins Hirn zu schieben" (245). Dann aber operiert sie sich stattdessen den implantierten Chip aus ihrem Oberarm. Mit den Worten „Das bin ich" (248) übergibt sie ihn dem Chefideologen. Der Rest, ihr Geist, gehöre „niemandem" mehr, sie sei nun „vollkommen frei" (ebd.).

Kap. 48: „Dünne Luft"

Innere Freiheit ohne Chip

Urteil und Begnadigung
(Kap. 49 und 50, S. 250–264)

Ambivalentes Ende

- Rosentreter verzichtet auf eine Verteidigung, um sich selbst nicht zu gefährden.
- Der Prozess wird von Zwischenrufen und tumultartigen Szenen begleitet.
- Hutschneider verkündet das vorgefertigte, bereits aus Kap. 2 bekannte Urteil.
- Der Präsident des Methodenrates begnadigt Mia vermutlich auf Betreiben Kramers in letzter Sekunde. Sie wird nicht eingefroren, sondern soll in einer Resozialisierungsanstalt untergebracht werden.
- Der Allmacht des Systems steht Mias unbeugsamer Wille gegenüber.

Kap. 49: „Siehe oben" – Mias Wahrnehmung

Mia ist so überwältigt von der Situation im Gerichtssaal, dass sie die Personen nur schemenhaft wahrnimmt. Richter und Staatsanwalt sind für sie nur schwarze Puppen ohne Individualität. Auch dass Rosentreter sich entschuldigt (für den Verrat, den er später begehen wird), bemerkt sie nicht. Sie ist in einem Käfig eingesperrt, der permanent mit Desinfektionsmittel besprüht wird. Ein Scanner versucht ihre Daten am Oberarm auszulesen, doch ohne den Chip bleibt die Projektionsleinwand leer.

Anklage des Staatsanwalts

Staatsanwalt Bell verliest eine endlos lange Liste der bekannten Straftatbestände: Führung einer terroristischen Vereinigung, Beihilfe zum Mord, methodenfeindliche Umtriebe, Planung eines Anschlags auf die Trinkwasserversorgung, Hochverrat. Er fordert die Höchststrafe, also Einfrieren auf unbestimmte Zeit.

Rosentreters Verrat

Überraschenderweise verzichtet ihr Verteidiger auf einen Gegenantrag. Rosentreter liest ein – möglicherweise vom Methodenschutz vorbereitetes (vgl. Mayr, 2019, S. 64) – Blatt vor. Aus Angst, sich selbst zum Methodenfeind zu machen, legt er die Verteidigung nieder. Ein Raunen geht durch die Zuschauermenge. Immer wieder kommt es zu Zwischenrufen mit Sympathiebekundungen. Die Störenfriede werden in der Regel abgeführt, so dass der Prozess von tumultartigen Szenen begleitet wird. Die Nachbarinnen aus dem Wächterhaus werden als Zeugen für die Botulinum-Funde bei der Hausdurchsuchung verhört. Driss nutzt die Gelegenheit, Mia als eine „Märtyrerin" (256) und „guter Terrorist" (ebd.) zu bezeichnen,

Zwischenrufe und Sympathiebekundungen

bevor sie weggezerrt wird. Mia selbst ruft zum offenen Widerstand auf. Radikal fordert sie, das Land niederzubrennen (vgl. 258). Entweder man sei jetzt bereit zu töten oder man solle schweigen.

Aufruf zum Widerstand

Richter Hutschneider zieht ein vorbereitetes Urteil aus der Aktentasche. Die Verhandlung wird dadurch ad absurdum geführt und gleicht einem Schauprozess. Das Urteil, vermutlich vom Methodenschutz diktiert, ist der Text, der bereits zu Beginn des Romans in Auszügen vorweggenommen wurde. Das Gesetz verlangt, dass die Angeklagte eine Person benennen darf, die bei der Vollstreckung des Urteils dabei sein solle. Mia wählt ihren Erzfeind Heinrich Kramer.

Vorbereitetes Urteil des Methodenschutzes

Sie darf vor dem Einfrieren einen letzten Wunsch äußern und wünscht sich eine Zigarette, welche Kramer ihr unter Protest des Richters bereitwillig gibt. Die Zigarette steht symbolhaft sowohl für die Verbundenheit mit Moritz als auch für die Freiheit, die Mia empfindet. Kurz vor der Einleitung der Prozedur eilt Staatsanwalt Bell herein. Der Präsident des Methodenrates habe Mia begnadigt. Dies sei auf Antrag der Verteidigung und auf Wunsch „von höchster Stelle" (263) geschehen. Dahinter dürfte sich vermutlich niemand anderes als Kramer verbergen. Die METHODE will unbedingt vermeiden, die Protagonistin zur „Märtyrerin" (ebd.) zu machen. Der Tod verleihe – so Kramer – dem Einzelnen Unsterblichkeit, mache ihn zur „Kultfigur" (ebd.) des Widerstands, auf die sich Generationen berufen würden. Mia soll stattdessen in einer Resozialisierungsanstalt untergebracht werden. Dort wird sie vermutlich einer Gehirnwäsche unterzogen. Mia ist entsetzt.

Kap. 50: „Zu Ende"

Begnadigung

Resozialisierung und Gehirnwäsche

Die Protagonistin ist also am Ende der Allmacht des Systems hilflos ausgeliefert. Diesem düsteren Ausgang hält die Autorin entgegen, dass Mia zu sich selbst gefunden habe und ihr Wille nicht gebrochen werden konnte. Sie sei geistig frei und werde wieder „zu neuer Stärke finden" (Zeh, *Fragen*, 58). Insofern ist das Ende ambivalent zu deuten.

Ambivalenz des Endes

② Analyse und Interpretation

Aufbau, Struktur und Gattung

Zeit und Raum

KURZINFO

Konzentration auf eine kurze Zeitspanne und wenige Schauplätze

- Die Handlung spielt in der Mitte des 21. Jahrhunderts. Einschließlich der Rückblenden umfasst die Dauer etwa neun bis elf Monate. Die Prozesse gegen Mia Holl finden vermutlich im Sommer statt.
- Die Handlung ist auf wenige Orte beschränkt: das Gericht, die Haftanstalt, das Wächterhaus mit Mias Wohnung und die „Kathedrale". Diese Eingrenzung erklärt sich aus der Tatsache, dass der Roman auf einem Theaterstück basiert. Auch Spannungsbogen und Struktur erinnern an eine Tragödie.
- Der Auszug aus dem Urteil gegen Mia Holl in Kap. 2 nimmt das Ende vorweg. Die Urteilsverkündung in Kap. 49 greift den Text wieder auf und bildet somit einen Rahmen.

Datierungsfragen | Juli Zeh lässt die genaue Datierung der Handlung offen und verortet sie nur vage in „der Mitte des einundzwanzigsten Jahrhunderts" (12). Widersprüchliche Verweise könnten auf die Jahre 2042, 2043 oder 2052 hindeuten. Der Hinweis auf die 34 Jahre zurückliegenden Sterbestatistiken des Jahres 2009 (vgl. 85) bringen das Jahr 2043 ins Spiel. Allerdings ist der 14. Juli, an dem Kramers Kommentar „Bedrohung verlangt Achtsamkeit" erscheint, kein Montag, wie es dort heißt (vgl. 138). In der Mitte des Jahrhunderts liegt dieser Tag nur im Jahre 2042 und 2052 an einem solchen Wochentag (vgl. Möbius, 2019, S. 58). Freilich sollte man nicht zu sehr auf diesem Datum insistieren, ist es doch vermutlich eher als ironischer Referenzpunkt in Bezug auf den Beginn der Französischen Revolution zu verstehen.

„14. Juli" als ironische Brechung

Die Romanhandlung verläuft nicht linear, sondern ist durch ein komplexes System von Rückblenden unterbrochen. Diese werden meist durch Assoziationen der Protagonistin ausgelöst, die an verschiedene Begegnungen mit ihrem Bruder Moritz Holl denken muss. Versucht man die Ereignisse chronologisch zu ordnen, ergibt sich aus den wenigen Zeitangaben folgende Rekonstruktion: Irgendwann im Spätsommer oder Herbst zeigt Moritz seiner Schwester einen geheimen Rückzugsort im Sperrgebiet. Dass sie die nackten Füße ins Wasser halten, deutet auf noch (spät-)sommerliche Temperaturen hin. Diese Begegnungen entwickeln sich zu einem wöchentlichen Ritual. Zwei Tage nach dem Mord an Sibylle Meiler wird Moritz in der sogenannten „Kathredrale" verhaftet und muss für mindestens sechs Monate in Untersuchungshaft. Im Mai nimmt er sich in seiner Zelle das Leben.

Chronologie der Ereignisse

Beginn der Handlung im Spätsommer oder Herbst

Suizid im darauffolgenden Mai

Die letzte Begegnung in der Haftanstalt, bei der Mia ihm unbemerkt die Angelschnur übergibt (Kap. 9), liegt vier Wochen vor ihrer Güteverhandlung. In dieser Zeit trauert sie intensiv um den Bruder und vergisst ihre Meldepflichten. Sie verpasst das Klärungsgespräch und wird vermutlich im Juni deshalb zu einer medizinischen Zwangsuntersuchung gebracht bzw. beim Gericht vorgeladen.

Die juristischen Auseinandersetzungen eskalieren im Sommer. Kramers öffentliche Kriegserklärung an Mia erfolgt am 14. Juli. Es dürften von da an noch einige Tage vergehen, bis Mia schließlich in der „Kathredrale" verhaftet wird. Die Prozesswende, Mias publizistische Offensive und ihre erneute Inhaftierung sind im August anzusetzen. Die Einsamkeit in der Untersuchungshaft zehrt an ihr, so dass sie sich über Kramers Besuch freut. Dessen Bemühungen um ein Geständnis, die Folter, die Verurteilung und Begnadigung dürften im August oder spätestens September geschehen. Insgesamt besitzt die Handlung damit eine Dauer von maximal einem Jahr, wobei Mias Prozesse zeitlich den kleinsten Teil, nämlich nur die Sommermonate, umfassen.

Juli/August

Verdichtung der Handlung im Sommer

Auch hinsichtlich des Handlungsortes bleibt der Roman offen. Aufgrund verschiedener Verweise (z. B. Erscheinungsorte von Kramers Basiswerk, die „Vertrauensfrage", 188) wird man allerdings Deutschland als vagen Rahmen annehmen dürfen. Es handelt sich um ein großes urbanes Territorium aus zusammengewachsenen Städten. Zeh stellt sich die Welt der METHODE als riesige „gated com-

Methodenstaat als „gated community"

munity" (Zeh, *Fragen*, 52), also als geschlossenes Gemeinwesen, vor, in dem die Bürger nach den strengen Gesundheitsregeln leben.

Ursprüngliche Konzeption als Drama

An verschiedenen Stellen wird erkennbar, dass der Roman auf einem Drama basiert. Zeh hatte *Corpus Delicti* als Auftragsarbeit für die Ruhr-Triennale 2007 konzipiert. Erst nach deren erfolgreicher Aufführung hat sie den Stoff in einen Roman umgearbeitet. Dies ist eine Erklärung für die romanuntypische Konzentration auf wenige Orte und eine relativ kurze Zeitspanne.

Konzentration auf wenige Orte

Gerichtssaal und Justizvollzugsanstalt

Den räumlichen Mittelpunkt des Geschehens bildet der Gerichtssaal, dessen Größe im Handlungsverlauf immer mehr zunimmt. Anfangs sitzt das routinierte Trio aus Sophie, Bell und Rosentreter alleine da. Am Ende des Strafprozesses wegen methodenfeindlicher Umtriebe ist der Saal voller Publikum. Verbunden mit der Justiz sind die vielen Episoden in der Haftanstalt. Wichtige Dialoge mit Rosentreter und Kramer finden in der Zelle bzw. im Besucherraum statt. Auch das Urteil dürfte in der Justizvollzugsanstalt vollstreckt werden.

Wächterhaus

Das Wächterhaus hat eine doppelte Funktion. Es zeigt auf der einen Seite, wie der Überwachungsstaat im Kleinen funktioniert. Die Nachbarinnen kontrollieren einander und wachen argwöhnisch über die Einhaltung der gültigen Normen, um liebgewonnene Privilegien nicht zu verlieren. Denunziation gehört dort zum Alltag. Darüber hinaus sind die Wächterinnen exemplarisch für die Öffentlichkeit, die durch Kramers Medieneinsatz manipuliert wird.

Mias Wohnung

Zum Wächterhaus gehört auch Mias Wohnung. Diese wird wie das gesamte Haus überwacht, da Sensoren die Toilettenspülung, den Müll und die Luftqualität ständig auswerten. Der eigentlich private Raum ist im Methodenstaat der obrigkeitlichen Kontrolle unterworfen. Privatheit gibt es nur jenseits des Sperrzauns. Nur hier, in der „Kathedrale", können die Geschwister ihre Freiheitsliebe ausleben. Die „unhygienische" Natur dient somit als Gegenpol zu den drei anderen Handlungsorten.

Kontrapunkt: Natur

Etwas außerhalb dieses Rasters steht die mediale Welt, die von Kramer dominiert wird. Er tritt zweimal in der Talkshow WAS ALLE DENKEN auf. Kontrovers diskutiert wird hier bezeichnenderweise nicht: Der Chefideologe tritt allein auf. Beim zweiten Mal benötigt er nicht einmal mehr einen Moderator, da dieser ohnehin in Ungnade gefallen ist.

Mediale Welt

Auch hinsichtlich der Struktur sind Ähnlichkeiten zum Drama, insbesondere der Tragödie, ersichtlich. Die ersten Kapitel mit der Güteverhandlung können als Exposition verstanden werden, in der alle Charaktere vorgestellt werden. Mias wachsender Konflikt zwischen ihrer ursprünglichen Systemtreue und der Loyalität zum Bruder fungiert als steigende Handlung. Höhe- und Wendepunkt ist die überraschende Erkenntnis im Prozess, dass Moritz nicht der Mörder von Sibylle Meiler ist. Von da ab fällt die Handlung, bis sie schließlich in der Katastrophe, nämlich Mias Verurteilung, endet. Zu den Anpassungen an die Romanform zählt beispielsweise der Vorspann mit dem vorweggenommenen Urteil. Dieser eröffnet einen Rahmen, der am Ende mit der lapidaren Kapitelüberschrift „Siehe oben" (250) geschlossen wird.

Strukturähnlichkeit mit Tragödie

Dystopie, Polit-Thriller, Justizdrama oder Science-Fiction?

KURZINFO

Zusammenspiel verschiedener Gattungen

- *Corpus Delicti* enthält als Untertitel keine Gattungsbezeichnung.
- Nach Juli Zehs Ansicht bezieht sich der Inhalt des Romans nicht auf die Zukunft wie in der Science-Fiction, sondern auf die Gegenwart. Deren besorgniserregende Tendenzen sind zu einer Schreckensvision literarisch verdichtet. Damit ist der Text vordringlich als Dystopie zu verstehen.
- Die geschilderten Intrigen und Machtspiele machen ihn jedoch auch zu einem Polit-Thriller.
- Das Gericht als zentraler Handlungsort verweist auf Anteile eines Justizdramas.

Vielfach wird im Untertitel eines literarischen Werkes die Gattung genannt. Im vorliegenden Fall jedoch ergänzt der Untertitel lediglich die Information des Haupttitels bezüglich des Inhalts: Der Roman spielt in der Welt der Justiz. Ein Corpus Delicti bezeichnet ein Objekt, das

Fehlende Gattungsbezeichnung

51

für eine Straftat gedient hat und Beweisstück für die Überführung des Täters oder der Täterin ist. Mia nennt sich selbst „das *Corpus Delicti*" (218), als Würmer sie vor Gericht zur Anführerin der Widerstandsgruppe *Die Schnecken* erklärt.

Science-Fiction?

Angesichts der Tatsache, dass die Handlung in der Mitte des 21. Jahrhunderts spielt, drängt sich zunächst der Gedanke auf, es handle sich um ein Werk der Science-Fiction. Die Autorin selbst weist eine solche Einordnung jedoch aus zweierlei Gründen zurück. Sie definiert Science-Fiction als eine technisch ausgereifte Vision, deren Ausgestaltung und Umsetzung im Vordergrund des jeweiligen Werks steht (vgl. Zeh, *Fragen*, 117 f.). In *Corpus Delicti* seien technische Aspekte bewusst außen vor gelassen. Zum anderen ist *Corpus Delicti* für die Autorin kein Zukunftsroman. Auf die Frage, ob sie sich ausgemalt habe, wie es zum Methodenstaat gekommen sei, formuliert Zeh, dass sie dies nicht besonders interessiert habe:

> „Das liegt wahrscheinlich daran, dass *Corpus Delicti* für mich gar nicht in der Zukunft spielt. Es ist eher eine Überspitzung von Denkweisen und Handlungsformen, die in unserer heutigen Welt bereits existieren." (Ebd., 43)

Verlängerung von Tendenzen der Gegenwart

Sie habe sich nicht gefragt, wie unsere Welt in ein paar Jahrzehnten aussehen würde, sondern sich auf das Hier und Jetzt, auf zeitgenössische Ängste und Bedrohungen konzentriert. Der Roman beschreibt kein irreales Szenario, sondern verlängert Tendenzen und Entwicklungen, die in der Gegenwart vereinzelt bereits Wirklichkeit geworden sind. Beispielsweise greift Zeh die weitverbreitete Vorstellung auf, dass Gesundheit das höchste Gut sei. Darüber hinaus thematisiert sie die bereits vorhandenen und wachsenden Möglichkeiten der Online-Überwachung ebenso wie die freiwillige Preisgabe der Privatsphäre und die Macht der Medien. (Zu den gesellschaftlichen und politischen Aspekten im Einzelnen vgl. das Kapitel „Themen" S. 79–93 der vorliegenden Lektürehilfe.)

Nähe zur Dystopie

Diese Tendenzen werden zu einer erschreckenden Vision des Zukünftig-Möglichen verdichtet und zugespitzt. Damit gehen die Warnung und der Appell einher, es nicht so weit kommen zu lassen. Genau dies ist die klassische

Erzählstrategie der Dystopie, zu der *Corpus Delicti* gattungstheoretisch primär zu zählen ist. Die Dystopie ist eine negative Utopie. Begründer der Gattung der Utopie ist der englische Humanist Sir Thomas More (um 1478–1535). In seinem Staatsroman *Utopia* (1516) entwarf er eine ideale Gesellschaft, um seinen Zeitgenossen den Spiegel vorzuhalten. Gegen Ende des 19. Jahrhunderts setzte die Tendenz ein, negative Entwicklungen auf fiktive Zukunftsgesellschaften zu projizieren. In den Umbruchzeiten des 20. Jahrhunderts verkehrte sich die Gattung der Utopie mit der Schilderung düsterer Visionen meist totalitärer Staaten in ihr Gegenteil. Bekanntestes Beispiel ist George Orwells Roman *1984* (1949).

Aufgrund dieser Tradition erkärt sich, dass der politische Gehalt des vorliegenden Romans im Vordergrund steht. Die Autorin hat *Corpus Delicti* als ihren „einzigen politischen Roman" (ebd., 129) bezeichnet, auch wenn es sich dabei streng genommen um keine literarische Gattung handelt. Gemeint ist vermutlich, dass *Corpus Delicti* eine klare politische Aussage beinhalte. Der Text sei „Mittel zum Zweck" (Zeh, *Fragen*, 132), um auf die Gefahren gegenwärtiger Tendenzen hinzuweisen und die Warnung davor öffentlich zu machen.

Angesichts der Intrigen und Machenschaften Kramers, des politisch motivierten Mordes und des Spannungsaufbaus ist es aber auch möglich, den Roman einen Polit-Thriller zu nennen. Die Protagonistin, eine unschuldige Biologin, wird zur Bedrohung für das diktatorische System und mit Geheimdienstmethoden kaltblütig ausgeschaltet.

Polit-Thriller

Nicht zuletzt hat *Corpus Delicti* Anteile eines Justizdramas, wie man es auch aus zahlreichen Filmen kennt. In diesem Zusammenhang ist nicht nur an den zentralen Handlungsort des Gerichts zu denken. Der entscheidende Wendepunkt wird durch die Aufdeckung eines Justizirrtums herbeigeführt. Nachdem Walter Hannemann als Mörder von Sibylle Meiler entlarvt worden ist, geht Mia in die Offensive. Richter und Verteidigung werden vom Methodenschutz so unter Druck gesetzt, dass sie vorgefertige Erklärungen oder Urteile abgeben.

Justizdrama

Vorbilder, Quellen und intertextuelle Bezüge

Parallelen zu 1984

Wenn es um die Vorbilder von *Corpus Delicti* geht, kann es nicht überraschen, dass Orwells Schreckensvision eines totalitären Staates zuerst genannt wird. *1984* erzählt von einem perfiden Überwachungssystem, dessen Slogans sprichwörtlich geworden sind (vgl. etwa „Big Brother is watching you"). Der Protagonist Winston Smith scheitert dabei, seine Privatsphäre an einem geheimen Rückzugsort zu wahren. Er wird verraten, gefoltert, einer Gehirnwäsche unterzogen und vom Regime beseitigt.

Einige Parallelen zu Mia und Moritz sind offensichtlich. Juli Zeh selbst hat jedoch hervorgehoben, dass der Vergleich nur bedingt tauge:

Unterschiede

> „*1984* von George Orwell hingegen spielt von Anfang an in einer düsteren, endzeitartigen, von Überwachung, Bedrohung und Gewalt geprägten Szenerie, die mit mit der hellen *Corpus-Delicti*-Welt wenig gemeinsam hat. Ziel der METHODE ist ja nicht die Unterdrückung der Menschen, sondern ihre vermeintliche Befreiung – nämlich von körperlichen Leiden." (Zeh, *Fragen*, 125 f.)

Huxleys Schöne neue Welt

Sie sieht viel größere Ähnlichkeiten mit Aldous Huxleys *Schöne neue Welt*. In dessen futuristischem Kasten-Staat herrschen Stabilität, Frieden und Freiheit. Die Bedürfnisse der Menschen werden durch Konsum, Sex und vor allem die Droge Soma befriedigt. Erst im Verlauf der Handlung werden die „Schrecken der Wellnessdiktatur" (ebd., 125) enthüllt. Gegenpol zur staatlich kontrollierten Ordnung ist das Indianer-Reservat. Dieser Bereich erinnert an Moritz' und Mias Rückzugsort der „Kathedrale".

Nicht ganz so augenfällig sind die inhaltlichen und auch sprachlichen Anleihen aus Thomas Manns Roman *Der Zauberberg*. Zeh gibt zu, den Roman kurz vor der Entstehung des Theaterstücks noch einmal gelesen zu haben und sich dort Ideen geholt zu haben (vgl. Zeh, *Fragen*, 104–107). Der Schauplatz in Manns Roman ist eine Gegenwelt zum Methodenstaat. Hans Castorp lebt in einem Sanatorium, also in einer Welt der Kranken, Mia hingegen in der Welt der Gesunden.

Manns Der Zauberberg

In Manns Roman stehen Krankheit und Gesundheit als sich gegenseitig bedingende Pole in Beziehung. Nur die Erfahrung von Krankheit führt zur Wertschätzung von Gesundheit. Im Gegensatz dazu hat die METHODE Gesundheit absolut gesetzt. Im *Zauberberg* offenbart sich das Menschenbild, dass sich der Einzelne durch seinen Geist von der Natur abhebe, in *Corpus Delicti* ist es dagegen der messbare Körper, der zählt.

Nicht zuletzt haben Rezensenten auch auf die Parallelen zu Sophokles' Tragödie *Antigone* hingewiesen. Sowohl Antigone als auch Mia kämpfen dafür, dass ihrem jeweiligen Bruder Gerechtigkeit widerfährt. Dabei stellen sie mit ihrem Widerstand die politische Ordnung in Frage und sind bereit, für ihre moralische Überzeugung zu sterben. Auch wenn Zeh nach eigener Aussage sich dieser Übereinstimmungen beim Schreiben nicht bewusst war (vgl. Zeh, *Fragen*, 112), ist die Grundkonstellation doch erstaunlich ähnlich.

Sophokles' Antigone

Auch das Medium Film hat Einfluss geübt. Auffällig sind vor allem die Parallelen in der Gestaltung des Methodenstaates zu dem Action-Film *Demolition Man* von 1993. Ein Polizist und ein Verbrecher werden in der Gegenwart zur Strafe eingefroren, um sich im Jahr 2032 wieder zu begegnen. Es ist eine heile Welt ohne Verbrechen, in der alle Genussmittel wie Alkohol, Koffein und Zigaretten verboten sind. Die Menschen vermeiden es, sich zur Begrüßung die Hand zu geben. Jeder Bürger hat einen Chip unter der Haut, mit dem er ständig geortet werden kann.

Demolition Man

Diese Ideen sind im Film zwar nicht detailliert ausgestaltet, da sie für die Action-Handlung Nebensache sind, in der *Corpus-Delicti*-Welt sind sie jedoch staatstragend.

Franz Kafkas Roman *Der Proceß* (1925)

Mias Bücherregal

Darüber hinaus enthält *Corpus Delicti* eine Vielzahl an intertextuellen Bezügen, bei denen die Autorin mit Anleihen und Vorbildern spielt. Schon der Untertitel *Ein Prozess* erinnert an Kafkas gleichnamigen Roman, in dem sich dunkle Mächte gegen den Protagonisten verschworen haben. Mias Bücherregal (vgl. 128) ist eine wahre Schatztruhe solcher Bezüge. Darunter befindet sich bezeichnenderweise nicht nur Orwell, sondern auch der italienische Philosoph Giorgio Agamben, vermutlich sein Hauptwerk *Homo sacer* (1995). Darin unternimmt Agamben den Versuch zu belegen, dass sich Macht in der Moderne immer mehr auf das nackte Leben, d. h. den menschlichen Körper und dessen Regulierung stützt. Der Titel seines Werks (lat. „heiliger Mensch") bezieht sich auf eine Kategorie im römischen Strafrecht, nach der ein vogelfreies Individuum zwar straffrei getötet, nicht aber geopfert werden durfte. Mias Begnadigung spielt möglicherweise auf diesen Sachverhalt an.

Robert Musils unvollendeter Roman *Der Mann ohne Eigenschaften* (1930/32) erzählt von der Suche nach einer eigenen Identität, ohne sich dabei – ähnlich wie Mia – festlegen zu wollen. Des Weiteren findet sich im Bücherregal u. a. ein Werk des französischen Philosophen Jean-Jacques Rousseau, dem fälschlich die Forderung „Zurück zur Natur" zugeschrieben wird. In *Corpus Delicti* ist der Mensch von der Natur entfremdet, wie die künstlichen Blumen oder die denaturierte Ernährung zeigen.

„Gott ist tot"

Weitere Verweise und Zitate sind über den gesamten Text verstreut. So ist beispielsweise an das Gewerkschaftslied „Which Side Are You On?" (105) von 1931 zu denken, welches im Zusammenhang mit Mias Konflikt steht. Ihr nihilistischer Denkansatz und die philosophischen Diskurse mit dem Bruder führen sie beinahe zwangsläufig zu dem Nietzsche-Zitat „Gott ist tot" (238). Vielfach rekurriert der Text aber auch auf biblische Geschichten, zum Beispiel Anspielungen auf Jesus Christus, seine Kreuzigung (vgl. 204) und „Wiederauferstehung" (242).

Personen

Hauptfiguren

Mia Holl

Selbstfindung durch Bruderliebe

- Mia Holls Name verweist auf ihre Probleme und ihr Schicksal.
- Die 34-Jährige ist eine erfolgreiche Biologin und lebt als Einzelgängerin ohne viele soziale Kontakte.
- Ihr Bruder Moritz und sie haben völlig unterschiedliche Lebensphilosophien. Sie ist Rationalistin, er freiheitsliebender Genussmensch. Trotz vielfacher Auseinandersetzungen verbindet sie eine innige Geschwisterliebe.
- Der Suizid des Bruders löst eine schwere Krise aus, in deren Folge Mia ihre Meldepflichten vernachlässigt. Dadurch gerät sie in Konflikt mit der METHODE.
- Sie muss sich entscheiden zwischen ihrer bisherigen Zustimmung zum System und ihrem Glauben an die Unschuld des Bruders.
- Aufgrund ihrer Hassliebe zu Kramer versucht Mia, den Journalisten für ihre Zwecke zu instrumentalisieren, unterschätzt jedoch dessen Gefährlichkeit und Macht.
- Mias Ende enthält sowohl positive als auch negative Aspekte: Kurz vor der Strafvollstreckung, dem Einfrieren, wird sie begnadigt, doch es werden Wiedereingliederungsmaßnahmen in den Methodenstaat angeordnet.

Mias Name hat Verweischarakter. Er entspricht semantisch dem italienischen Possessivpronomen „mein/meine" und suggeriert „(weibliche) Subjektivität, Individualität und Persönlichkeit" (Layh, 2014, S. 172). Genau das ist es, was der Protagonistin im Methodenstaat versagt wird. Darüber hinaus erinnert der Name an Maria Holl, die 1593 in Nördlingen der Hexerei angeklagt wurde. Das historische Vorbild wurde in Ulm geboren und besaß in Nördlingen eine erfolgreiche Gastwirtschaft, was ihr als Ortsfremde sicherlich viel Missgunst und Neid einbrachte. Maria Holl überstand 62 Folterungen, ohne sich zu einem falschen Geständnis nötigen zu lassen. Sie wurde schließlich aufgrund des energischen Einspruchs ihrer Heimatstadt wieder freigelassen. Durch ihre Standhaftigkeit trug sie wesentlich zum Abflauen des Hexenwahns in Nördlingen bei. Mias Name deutet damit bereits Schicksal und Konfliktlinien an, die sich im Verlauf der Handlung ergeben werden.

Mia: „mein/meine"

Historisches Vorbild

34-jährige „Biologin mit Idealbiographie"

Anfangs erscheint die 34-jährige Mia Holl als „erfolgreiche Biologin mit Idealbiographie" (19). Körperlich ist sie in den besten Jahren, schmal, ausgestattet mit drahtiger Konstitution und hoher Widerstandskraft. Ihr Gesicht auf der Präsentationswand strahlt eine „besondere Anmutung von Sauberkeit" (17) aus und verleiht ihr einen Ausdruck, als ob sie ein Leben lang von Schmerz verschont gewesen sei. Sichtbares Zeichen ihres Erfolges ist die Penthouse-Wohnung mit Dachterrasse. Sie ist eine vorbildliche Staatsbürgerin, was durch die Tatsache, dass sie in einem Wächterhaus lebt, hervorgehoben wird.

Zurückgezogener Single

Sie hat keinen Partner und ist nach Aussage ihrer Nachbarinnen „immer allein" (24). Die Menschen um sie herum glauben, dass sie angesichts ihres Alters auf der Suche nach einem Mann sei und dazu die Zentrale Partnervermittlung kontaktiert haben könnte. Dies ist aber nicht der Fall. Tief in ihrem Herzen ist Mia der Meinung, dass Umgang mit anderen Menschen „Zeitverschwendung" (145) sei:

> „Sie braucht Zeit für sich selbst und ihre Gedanken. Nach der Arbeit geht sie nach Hause statt zur Gemeinschaftsaktivität. Abends sitzt sie auf ihrem Hometrainer statt im Vorstand des Sportvereins. Sie unterhält sich mit einer Unsichtbaren – nicht mit der besten Freundin oder ihrem Ehemann." (146)

Angepasste Rationalistin

Zu ihren Sozialkontakten gehört offensichtlich lediglich der Bruder, den sie wöchentlich im Sperrgebiet trifft. Die beiden diskutieren gern über Sinnfragen, Philosophie und auch die METHODE. Sie haben völlig unterschiedliche Lebenseinstellungen, weshalb sie immer wieder aneinandergeraten. „Mia ist ein sehr angepasster Mensch. Sie ist vernünftig, rational, kopfbetont." (Zeh, *Fragen*, 62) Ihr Bruder dagegen ist emotional, spontan und temperamentvoll. Als Rationalistin steht Mia hinter der naturwissenschaftlich begründeten METHODE und hat die Hygienekonzepte des Staats vollkommen verinnerlicht. Sie ekelt sich vor der bakteriendurchseuchten Natur in der sogenannten „Kathedrale", die Moritz so liebt.

Schwierigkeiten mit der Liebe

Während er ein vergnügungssüchtiger Egoist ist, der seinen Sexualtrieb auslebt, hat Mia in den Augen ihres Bruders Schwierigkeiten, das Wort Liebe auch nur auszusprechen. Als Biologin betrachte sie alle ihre Beziehungen „nur unter dem Elektronenmikroskop" (27). Sie sei eine „vertrocknete" (92) Jungfer, die stets Sicherheit vom Leben verlange, während er vor allem nach Freiheit strebt.

Trotz ihrer regelmäßigen Streitereien verbindet die beiden eine innige Geschwisterliebe, so dass Moritz' Suizid eine schwere Krise bei Mia auslöst. Dies liegt weniger daran, dass sie ein schlechtes Gewissen hat, mit dem Einschmuggeln der Angelschnur die Tat erst möglich gemacht zu haben. Vielmehr leidet sie darunter, dass sie ihren einzigen Bezugspunkt im Leben verloren hat.

Kein schlechtes Gewissen

Ausdruck ihrer Lebenskrise ist die Tatsache, dass sie über mehrere Wochen ihren Meldepflichten nicht nachkommt. Dies macht sie in den Augen des Systems grundsätzlich verdächtig, da unterstellt wird, dass sie eine Krankheit vertuschen möchte. Dadurch, dass sie auch ein Klärungsgespräch vor Gericht versäumt, gerät sie erst recht in die Fänge der Justiz. Mia beansprucht eine nicht vorgesehene Privatheit in ihrer Trauer, sie will einfach nur in Ruhe gelassen werden, was jedoch nicht im allgemeinen Interesse ist.

Private Trauer nicht vorgesehen

Gravierender als die juristischen Probleme ist der innere Konflikt, in den Mia durch den Tod ihres Bruders stürzt. Als Anhängerin der METHODE ist sie von der Unfehlbarkeit des Gerichts überzeugt, und als Biologin muss sie an Moritz' Überführung durch den DNA-Test glauben. Andererseits sagt ihr ihre Intuition, dass ihr Bruder nicht der Mörder ist. Das aber würde bedeuten, dass sie das wissenschaftliche Fundament des Systems anzuzweifeln hätte. Frühes Zeichen ihres inneren Chaos ist die wachsende Unordnung in ihrer Wohnung.

Innerer Konflikt

Mia erlebt dieses Dilemma als Identitätskrise. Ihrem Körper steht sie seit jeher distanziert gegenüber. Für sie ist er lediglich eine „Maschine" (79), dessen Aufgabe es ist, zu funktionieren. Diese Entfremdung von sich selbst ergreift nun auch ihren Geist. Die ideale Geliebte, ihre innere Stimme, drängt sie zu einer Entscheidung: „Which side are you on." (105) Doch es ist nicht in Mias Naturell, sich die Sache leicht zu machen. Ihr Reich ist das „Da-

Identitätskrise

Hexe und Zaunreiterin

zwischen" (144). Deshalb vergleicht die imaginäre Geliebte sie mit einer Hexe, einer Zaunreiterin, die auch nicht wisse, zu welcher Seite sie gehöre.

Bekenntnis nach Prozesswende

Je mehr die Protagonistin jedoch vor Gericht bzw. in der Öffentlichkeit angegriffen wird, desto größer werden ihre Zweifel am System. Rosentreters Coup im Prozess, Walter Hannemanns Entlarvung als wahrer Mörder, bringt die Wende. Bis dahin scheint Mia im Prozess passiv, verloren und überfordert zu sein und wird von Rosentreter wie eine Marionette „in die Schlacht" geschickt (vgl. 197). Nun aber zeigt sich ihre Eigenständigkeit. Entgegen der Empfehlung ihres Anwalts geht sie an die Öffentlichkeit, bekennt sich zu ihrem Bruder und entzieht der METHODE das Vertrauen.

Revolutionärin wider Willen

Auf diese Weise wird sie zur „Anti-Methodistin" (59). Sie ist aber eine „Revolutionärin wider Willen" (Zeh, *Fragen*, 64). Anfangs gerät sie unfreiwillig in den Blick der Justiz, später wird sie zur Staatsfeindin gemacht. Ohne die Reaktionen des Systems wäre es nie dazu gekommen. Mit der Widerstandsgruppe R.A.K hat sie nichts zu schaffen. Der Justizirrtum und ihr furchtloses Bekenntnis lassen sie jedoch zu einer Integrationsfigur des Widerstands

Freiheitsstatue des Widerstands

werden, zu einer fleischgewordenen „Freiheitsstatue" (198) für alle Unzufriedenen des Systems.

Selbstfindung

Mia muss sich jedoch erst selbst kennenlernen, bevor sie zu kämpfen bereit ist. Durch die Bruderliebe findet sie zu sich selbst. Sie gibt das einseitige Rationalisieren auf und lernt, mit dem „Herzen [zu] denken" (183). Bezeichnenderweise verschwindet die ideale Geliebte in dem Moment, als Mia ihr Pamphlet diktiert und sich damit gegen das System entschieden hat.

Hassliebe zu Kramer

Die Protagonistin versucht Kramer für ihre Zwecke zu instrumentalisieren. Das Verhältnis ist von Anfang an ambivalent. Mia schätzt seinen Stil und seine Eleganz, seine Umgangsformen und seine scharfsinnige Rhetorik. Es gibt Momente, in denen sie sich zu ihm hingezogen fühlt. Beide sind kopflastige Menschen, die eine innere Zerrissenheit kennen, welche zuweilen aus ständiger Grübelei entsteht. Darüber hinaus verbindet beide eine

Neigung zum Nihilismus in dem Sinne, dass es weder für Mia noch für Kramer eine objektive Wahrheit gibt. In ihrer Weltsicht muss sich diese der „Nützlichkeit" (127) unterordnen. Auf der anderen Seite hält Mia Kramer für einen „Schnüffler", eine „lächerliche Figur" (128) und den „Mörder" (30) ihres Bruders. Der Journalist hatte durch seine Kampagne wesentlich zu ihrer Verurteilung beigetragen, so dass sie ihm selbst den Tod wünscht.

Kramer als ihr „Sprachrohr" (184) verwenden zu wollen ist gefährlich. Mia scheint seine Intrigen und seine Macht grob zu unterschätzen. Unschuldig wird sie zur Terroristin stilisiert, die die Widerstandsgruppe *Die Schnecken* anführe und einen Anschlag auf die Trinkwasserversorgung plane, ohne etwas dagegen tun zu können. Sie wirkt wie eine moderne Version der Protagonistin aus Heinrich Bölls Erzählung *Die verlorene Ehre der Katharina Blum* (1974). Katharina Blum wird in der Boulevardpresse unschuldig zur „Terroristenbraut" gemacht. Als ihre Mutter infolge der Medienkampagne stirbt, erschießt Katharina den Reporter. Auch Mia Holl radikalisiert sich und ruft am Ende ihres Prozesses öffentlich zur Gewalt auf.

Unterschätzung der Intrigen Kramers

Mia feiert ihre Verurteilung als inneren Sieg. Trotzig sagt sie nach der Urteilsverkündung, dass sie „trotzdem gewonnen" (259) habe. Denn ihr Geist ist standhaft geblieben. Dieser macht ihre Identität aus, nicht der messbare Körper, den die METHODE als Grundlage des Staates setzt. So ist es ein schwerer Schlag, dass das System sich anschickt, gerade ihren Geist am Ende doch noch durch politische Bildung und Methodenlehre (vgl. 264) zu brechen. Juli Zeh meint jedoch, dass der Mensch erst nach dem Scheitern in der Lage sei, „Verantwortung für sich selbst zu übernehmen" (Zeh, *Fragen*, 56 f.). Mia scheint zwar am Ende hilfos dem System ausgeliefert. Doch es bleibt offen, ob die angekündigten Wiedereingliederungsmaßnahmen überhaupt stattfinden werden.

Innerer Sieg

Versuch, Mias Geist dem System anzupassen

Ambivalenz des Endes

Moritz Holl

Freigeist und Methodenkritiker

- Mit sechs Jahren erkrankt Moritz an Leukämie, eine bis an sein Lebensende prägende Erfahrung.
- Für den 27-jährigen Philosophie-Studenten ist das Leben „ein Angebot, das man auch ablehnen kann" (44).
- Als emotionaler, lebenshungriger Mensch muss er sich stets neu erfahren und seine Grenzen austesten. Mia bezeichnet ihn als „vergnügungssüchtigen Egoisten" (91).
- Seine Naturverbundenheit und Freiheitsliebe ist unvereinbar mit der METHODE.
- Er schenkt seiner Schwester die imaginäre Figur der idealen Geliebten, damit seine Ideen in ihr weiterleben.
- Der Methodenschutz stellt ihm eine Falle und lässt ihn als Vergewaltiger und Mörder verhaften. Ein scheinbar unwiderlegbarer DNA-Test beweist seine angebliche Schuld. Posthum wird er zu einem Terroristen und Anführer der Widerstandsgruppe *Die Schnecken* stilisiert.
- Moritz erhängt sich mit einer Angelschnur in seiner Zelle.

Träumer und Spinner

Leukämie als prägende Erfahrung

Moritz Holl, wird von seinen „Eltern ‚Träumer', von Freunden ‚Freidenker' und von seiner Schwester Mia meistens ‚Spinner' genannt" (35). Allen drei Charakterisierungen gemeinsam ist die Negation der harten Realität, in diesem Fall also des Methodenstaats. Prägende Lebenserfahrung ist seine Leukämieerkrankung im Alter von sechs Jahren. Durch die Datenbanken des Systems erhält er einen Stammzellenspender und wird vollständig geheilt. Dennoch verändert sich sein Leben. Moritz verzeiht seinen Eltern niemals, dass sie ihm seine Schnecken wegnahmen, um keinen Ärger wegen der Missachtung von Hygienebestimmungen zu erhalten.

Soziale Stigmatisierung

Gravierender mag die Stigmatisierung des Jungen durch die Krankheit gewesen sein. Nach Juli Zeh ist eine solche Erkrankung im System der METHODE „mit einem Schwerverbrechen zu vergleichen" (Zeh, *Fragen*, 78). Kramer dürfte das allgemeine Verständnis der Gesellschaft formulieren, wenn er behauptet: „Einmal krank, immer krank. Das prägt." (124)

Darüber hinaus hat die Erfahrung der Todesnähe zwei entscheidende Folgen für Moritz' Lebensphilosophie. Sie steigert einerseits seinen Lebenshunger, andererseits weckt sie den Wunsch, über Leben und Tod selbst zu bestimmen:

> „Der Mensch muss sein Dasein erfahren. Im Schmerz. Im
> Rausch. Im Scheitern. Im Höhenflug. Im Gefühl der voll-
> ständigen Machtfülle über die eigene Existenz. Über das
> eigene Leben und den eigenen Tod." (92)

Selbstbestimm-ung über Leben und Tod

Diese radikale Formulierung der Selbstbestimmung impliziert auch die Möglichkeit des Suizids. Für Moritz ist das Leben „ein Angebot, das man auch ablehnen kann" (44). Um frei zu sein, dürfe man den Tod nicht als das Gegenteil des Lebens verstehen. Die Auseinandersetzung mit dem eigenen Tod führt ihn schon früh zum Nachdenken über existenzielle Fragen. Bereits als Zwölfjähriger philosophiert Moritz über „Gottes Existenz" (238) und findet dabei in seiner sieben Jahre älteren Schwester eine bewundernde Zuhörerin. Als Erwachsener wählt Moritz die Philosophie als sein Studienfach, was sein obrigkeitskritisches Denken fördert und schärft.

Neigung zur Philosophie

Mit dem Studium hat er es nicht eilig. Mit 27 Jahren ist er immer noch Student; statt für Prüfungen zu lernen, genießt er das Leben in vollen Zügen. Ein wesentlicher Teil seines Junggesellendaseins besteht aus verschiedenen Frauenbekanntschaften. Er benutzt dabei die Zentrale Partnervermittlung für seine Zwecke. Ihm geht es nicht um eine langfristige Bindung, sondern um das sexuelle Erleben. In Blind Dates trifft er seine Auserwählten unter der Südbrücke. Mia nennt ihm wegen seines promiskuitiven Verhaltens einen „vergnügungssüchtigen Egoisten" (91).

Ewiger Student

„Vergnügungs-süchtiger Egoist"

Der 27-Jährige ist sehr emotional und neigt zu Gefühlsausbrüchen. Ähnlich wie Hermann Hesses Figur Goldmund aus seinem Roman *Narziß und Goldmund* sieht Moritz den Sinn des Lebens in möglichst intensiven Erfahrungen. „[I]m Rausch, in der Euphorie begegnet Moritz sich selbst und fühlt sich lebendig." (Zeh, *Fragen*, 77) Daher spottet er über die Regularien der METHODE. So kommentiert er die Strafandrohung beim Verlassen des Hygienegebiets als „Idiotie ersten Grades" (90). Wer sich so beschränken lasse, werde mit „äußerer Versteinerung und innerer Totalverblödung bestraft" (ebd.).

Suche nach intensiven Erfahrungen

Verspottung der METHODE

Naturverbunden-
heit

Regelmäßig übertritt er die Grenze zum Sperrgebiet, um in der Natur seine Freiheit zu erleben. Mit Vorliebe setzt er sich dort ins Gras, die nackten Füße im Wasser, und angelt. Um diese Erfahrung noch zu steigern, zündet er sich eine Zigarette an. Demonstrativ zieht er den Mundschutz als Stirnband ins Haar. Dieser Gestus erinnert entfernt an die Flower-Power-Generation der 1970er-Jahre. Überhaupt hat seine Idealwelt viel mit der Vergangenheit zu tun. Sie ist das Gegenteil von der perfekten Hygienewelt der METHODE und geprägt vom Genuss lauter Musik in verrauchten Bars. Wein wird aus schmutzigen Gläsern getrunken. Die Menschen zeigen ihre Gefühle. In dieser „Stadt zum Leben" (62) will Moritz am liebsten barfuß durch die „Baustellen" streifen und dabei erleben, wie ihm der „Matsch durch die Zehen quillt" (63).

Moritz' ideale
Welt

„Kathedrale" als
Rückzugsort

Dem Rückzugsort in der Verbotszone gibt er einen religiös überhöhten Namen, in dem er ihn als „unsere Kathedrale" (60) bezeichnet. In einer Gesellschaft, in der Kirchen stillgelegt sind oder nur noch im Museum vorkommen, ist das ein bemerkenswerter, aber vielleicht auch spöttisch gemeinter Kontrapunkt. In seiner Kirche wird noch gebetet, worunter Moritz allerdings primär „reden, schweigen und angeln" (ebd.) versteht. Vor allem hier versucht er, seine ältere Schwester von seinen freiheitlich-revolutionären Ansichten zu überzeugen. Dies hat freilich nur wenig Erfolg, doch allmählich passt sie sich seinem Verhalten an. Anfangs ekelt sie sich vor den unhygienischen Zuständen, doch beim letzten Treffen der Geschwister lässt auch sie die Füße im Wasser baumeln. Sie runzelt zwar die Stirn, als Moritz eine Zigarette aus der Tasche zieht und diese anzündet, greift aber nicht ein (vgl. 149).

Versuch, die
Schwester zu
überzeugen

Weiterleben
seiner Gedanken
in der idealen
Geliebten

Noch im Gefängnis gibt Moritz seiner Schwester Denkanstöße. Vor allem aber schenkt er ihr dort die ideale Geliebte, die er für sich kreiert hatte und in der seine Gedanken weiterleben. Die imaginäre Figur ist es, die bei Mia auf der Couch die Protagonistin zu einer Entscheidung für oder gegen das System drängt. Als sich Mia endlich zu ihrem Bruder bekennt, werden Moritz' Vorstellungen wirksam.

Es überrascht nicht, dass die METHODE angesichts seines unangepassten Verhaltens und seines Freidenkertums irgendwann auf Moritz aufmerksam werden muss. Es bleibt offen, ob seine Naturverbundenheit und Tierliebe in Kindertagen im Überwachungsstaat bereits als problematische Veranlagung notiert wurde. Sicher ist, dass Moritz als Erwachsener auf einer „Schwarzen Liste" (73) steht. Das bedeutet, dass der Methodenschutz ihn als Gefährder einstufte und er observiert wird.

„Schwarze Liste"
des Methoden-
schutzes

Den Andeutungen Kramers zufolge (vgl. 211) wird ihm eine Falle gestellt. Kurz bevor er Sibylle Meiler trifft, wird sie von seinem – möglicherweise vom Methodenschutz beauftragten – Knochenmarkspender Walter Hannemann vergewaltigt und ermordet. Aufgrund der Identität der DNA zwischen Spender und Empfänger wird der Eindruck erweckt, dass Moritz Holl der Täter sein muss. Als erster scheinbar überführter Täter der Rechtsgeschichte der METHODE leugnet er konsequent die Tat. Inmitten des Verfahrens erhängt er sich in seiner Zelle. Der Suizid war für ihn stets Teil seines Freiheitsverständnisses.

Falle des Systems

> „Für Moritz ist ein Leben in Gefangenschaft nicht zu ertragen. Ganz egal, wie sein Prozess wegen des vermeintlichen Mordes ausgegangen wäre – die METHODE hätte ihn gewiss nie wieder aus ihren Fängen entlassen. […] Da für Moritz nicht nur die geistige, sondern auch die körperliche Freiheit Grundlage seines ganzen Selbstbilds ist, wäre das Leben in einer Zelle für ihn schlimmer gewesen als der Tod." (Zeh, *Fragen*, 79 f.)

Gründe für
Moritz' Suizid

Durch die Aufdeckung des Justizirrtums wird nicht nur seine Unschuld bewiesen, sondern auch das System in seinen Grundfesten erschüttert. Posthum erscheint Moritz viel gefährlicher als zu Lebzeiten, da zu befürchten ist, dass sich Generationen von Widerständlern auf seinen Fall berufen werden. Für Kramer steht die Verurteilung von Moritz Holl in einer Reihe mit dem „Prager Fenstersturz, Sturm auf die Bastille, Thronfolgermord in Sarajevo" (233). All diese historischen Ereignisse haben zu blutigen Katastrophen und Umstürzen politischer Systeme geführt.

Posthume
Bedrohung des
Systems

Moritz wird von Kramer medial zu einem gefährlichen Terroristen und Anführer der Widerstandsgruppe *Die Schnecken* aufgebaut. Der Philosophie-Student sei besessen von der Idee gewesen, als Märtyrer zu sterben. Diese Kampagne und Mias Geständnis sollen helfen, Moritz in der Öffentlichkeit zu diskreditieren. Am Ende bleibt offen, welches Bild von dem 27-Jährigen dominiert.

Heinrich Kramer

KURZINFO

Intriganter Machtmensch und skrupelloser Demagoge

- Kramers Name erinnert an den Verfasser des *Hexenhammers*, des zentralen Kriminalkodexes zur Legitimation der Hexenverfolgung.
- Der Journalist und zweifache Familienvater ist ein klassischer Biedermann und Schreibtischtäter.
- Er ist das mediale Sprachrohr der METHODE. Seine Presseartikel und Kommentare im Fernsehen prägen die öffentliche Meinung und sorgen für eine Vorverurteilung von Moritz und Mia Holl.
- Nach außen propagiert der Chefideologe des Systems fortwährend die METHODE. In seinem Innern ist er der Überzeugung, dass das System nicht besser ist als andere davor (vgl. 81).
- Skrupellos manipuliert er Beweise und Fakten.
- Seine Machtfülle scheint fast unbegrenzt. Vermutlich auf seine Einflussnahme hin wird Mia begnadigt.

Gleichnamiges historisches Vorbild

Als Pate für die Romanfigur steht der gleichnamige Dominikanermönch und Inquisitor Heinrich Kramer. Dieser wurde mehr als hundert Jahre vor der Hexe Maria Holl geboren. Er verfasste 1486 den 700-seitigen *Hexenhammer*, „eine Art Leitfaden für die Hexenverfolgung" (Zeh, *Fragen*, 33). Anhand von unzähligen Beispielen entwickelte er darin detaillierte Regeln für die Durchführung der Hexenprozesse, denen in der Folge die allgemeine Rechtspraxis entsprach. Dadurch erhielt die Schrift den Rang eines anerkannten Kriminalkodexes. Durch den Buchdruck fand das Werk eine ungeheure Verbreitung. Es gilt heute als eines der verheerendsten Bücher der Weltliteratur.

Bedeutung des *Hexenhammers*

Gemeinsamkeiten

Wie die historische Persönlichkeit verfasst auch die Romanfigur ein grundlegendes Werk für das System. Der Leser erhält zwar nur das „Vorwort" des Textes *Gesundheit als Prinzip staatlicher Legitimation*, doch lässt sich der

Rest zumindest teilweise aus Kramers verstreuten Äußerungen rekonstruieren. Sowohl die historische als auch
die fiktive Figur liefern damit zentrale Schriften zur
Rechtfertigung politischen Handelns. Darüber hinaus
treten beide in multiplen Funktionen auf: als Publizist,
Chefideologe und Ankläger.

Vordergründig ist Juli Zehs Figur ein Biedermann. Er ist
glücklich verheiratet und hat zwei „niedliche" (177), offenbar noch jüngere Kinder. Er ist äußerst kultiviert, sein
Erscheiungsbild und Auftreten sind von Eleganz und Stil
geprägt, was sogar politische Gegner wie Mia beein-
druckt. Sein Leben lang hat er sich in die Dienste des
Staates gestellt. Nun steht er ganz oben.

Kramer ist im wahrsten Sinne des Wortes ein Schreibtischtäter. In der gleichgeschalteten Presse der METHODE
prägt seine Stimme die öffentliche Meinung. Wenn er im
Fernsehen spricht, sind die Straßen leergefegt wie bei
einem „Endspiel der Fußballweltmeisterschaft" (200).
Seine Artikel wie z. B. „Bedrohung verlangt Wachsamkeit" finden sich stets auf der Titelseite des GESUNDEN
MENSCHENVERSTANDS, des scheinbar einzigen Presseorgans des Systems. In der Talkshow WAS ALLE DENKEN ist
er der einzige Gast, so dass ihm niemand widersprechen
kann. Nachdem Würmer verhaftet worden ist, tritt er sogar ganz allein auf. Seine Kriegserklärung an Mia (vgl.
199 f.) wirkt wie eine offizielle Regierungsverlautbarung.
Insofern kann er als das Sprachrohr des Systems verstanden werden. Seine ausgefeilte Rhetorik (vgl. etwa 233)
macht ihn dabei zu einem gefährlichen Demagogen.

Seine Medienkampagne führt zu einer Vorverurteilung
von Moritz Holl und treibt diesen letztlich in den Tod.
Posthum macht Kramer aus dem harmlosen Freigeist einen extremistischen Terroristen, der angeblich die Widerstandsgruppe *Die Schnecken* angeführt habe. Kramer
fühlt sich nicht einer objektiven Berichterstattung verpflichtet. Seine journalistische Tätigkeit ist manipulativ,
um die Macht der METHODE zu erhalten. So versteht er
Mias Pamphlet als „rhetorische Massenvernichtungswaffe" (188), die er für seine Zwecke gegen sie zu nutzen
weiß. Er baut sie öffentlich zur Nachfolgerin ihres Bru-

Kultivierter
Biedermann

Journalist und
Schreibtischtäter

Mediale
Omnipräsenz

Gefährlicher
Demagoge

Berichterstatt-
ung im Interesse
der METHODE

ders auf, indem er ihr unterschiebt, nach dessen Tod die Führung der *Schnecken* übernommen zu haben (vgl. 210). Kramer erkennt in ihr die Chance, eine Art „Vertrauensfrage" (188) an die Bürger zu stellen, die die Menschen noch stärker hinter der METHODE zusammenrücken lassen soll. Seine Strategie ist es, die Menschen zu zwingen, sich zu entscheiden: für oder gegen das System.

METHODE so gut
wie jedes andere
System

Öffentlich steht Kramer uneingeschränkt hinter der METHODE. In seinen privaten Gesprächen mit Mia wird jedoch deutlich, dass er sie weder „für absolut richtig oder auch nur für besser als andere Denksysteme" (Zeh, *Fragen*, 70) hält. Dies wird besonders deutlich, als die Protagonistin ihn messerscharf analysiert. Sie sieht in ihm mit Recht eine gespaltene Persönlichkeit.

> „Kramer Eins ist ein glänzender Demagoge. Aber Kramer Zwei glaubt in Wahrheit, dass ein System so gut wie das andere ist. Erst nannten wir es Christentum, dann Demokratie. Heute nennen wir es METHODE. Immer absolute Wahrheit, immer das rein Gute, immer das zwingende Bedürfnis, die ganze Welt damit zu beglücken." (181)

Prinzip der
Nützlichkeit

Die utilitaristische, d. h. auf Nützlichkeitsaspekten beruhende, ehrliche Antwort ihres Gegenübers ist: „Die METHODE funktioniert gut. Es gibt keinen Grund, sie durch etwas anderes zu ersetzen." (183) Kramer hat sich für eine Weltsicht entschieden, in der alles dem Prinzip der Nützlichkeit untergeordnet ist. Er hat sich von den moralischen Kategorien gut oder böse, richtig oder falsch verabschiedet.

Passend dazu geht er skrupellos gegen die Gegner des Systems vor. Er nutzt die Besuche bei Mia zu Hause und in der Zelle, um Beweise zu sammeln. So verwendet er die vom Methodenschutz in ihrer Wohnung platzierten Lebensmitteltuben mit ihren Fingerabdrücken, um ihr einen Giftanschlag mit Botulinum-Bakterien unterzuschieben. Kramers Musterschüler Würmer, der ihm sein Leben lang nachgeeifert hat (vgl. 83), wird eiskalt abserviert, nachdem er öffentlich Kritik übt. Später setzt ihn Kramer so unter Druck, dass er als Kronzeuge gegen die Biologin aussagt und sich selbst ans Messer liefert.

Kramers Machtfülle scheint nahezu unbegrenzt zu sein. Er hat „überall Zutritt" (15). Seiner Umgebung flößt er stets Respekt und Angst ein. Bei der Güteverhandlung wird das Gespräch beispielsweise automatisch unterbrochen, als er den Raum betritt. Vor allem Rosentreter fürchtet sich vor dem mächtigen Mann. Unwillkürlich fühlt er sich ertappt (vgl. 117), als er in Mias Wohnung von Kramer gesehen wird, weil er sich einbildet, dass dieser von seiner Liebe zu einer falschen Frau wisse.

Kramers Machtfülle

Wer sich Kramer in den Weg stellt, muss dafür bezahlen. Sophie wagt es, ihm zu widersprechen, als er sich in Mias Prozess einmischt. Als Prozessbeteiligter habe er – so die Richterin – „kein Recht, hier zu sprechen" (166). Die Reaktionen im Gerichtssaal sprechen Bände. Es herrscht atemlose Stille. Wegen dieser Konfrontation (und der Zulassung von Rosentreters Ausführungen über Moritz Holl) wird Sophie ihres Amtes enthoben und in die Provinz versetzt.

Konsequenzen eines Widerspruchs

Der Einfluss des Chefideologen geht so weit, dass er über Leben und Scheintod entscheiden kann. Es ist davon auszugehen, dass er Mias Begnadigung beim Präsidenten des Methodenrates erwirkt. Damit entgeht die Protagonistin dem Einfrieren auf unbestimmte Zeit. Stattdessen werden Resozialisierungsmaßnahmen angeordnet.

Entscheidung über Leben und Scheintod

Nebenfiguren

Die ideale Geliebte

KURZINFO

In Mias innerer Stimme leben Moritz' Gedanken weiter

- Die imaginäre ideale Geliebte entwickelt sich von einer Person des tröstenden Zuspruchs zu einer Figur des Widerspruchs.
- Sie drängt Mia dazu, sich für oder gegen ihren Bruder bzw. die METHODE zu entscheiden.
- Sie verlässt Mia, als sich deren innerer Konflikt auflöst. Damit ist ihr „Auftrag" (189) erfüllt.
- Neben ihrer inhaltlichen Bedeutung besteht ihre Funktion darin, dass Mia ihre Gedanken und Gefühle im Dialog zu äußern vermag.

Die imaginäre Figur entstand lange vor dem Roman *Corpus Delicti* in Juli Zehs Phantasie. Für die Autorin ist sie eine Art weiblicher Geist, unsichtbar für alle außer Mia, auf deren Couch sie sitzt.

Liebe und Zuspruch für Mia

„Die ideale Geliebte verlässt dieses Sofa niemals. Sie ist immer da, steht immer zur Verfügung. Man kann sich sich bei ihr Liebe und Zuspruch abholen, und sie gehört einem ganz allein. Ich habe mir die ideale Geliebte immer üppig, nackt und rothaarig vorgestellt, eine bisschen wie eine Jugendstilfigur von Gustav Klimt. Oder wie eine bezaubernde Hexe."
(Zeh, *Fragen*, 66)

Moritz' Geschöpf

Ursprünglich ist sie Moritz' Phantasiegeschöpf. Ohne Zweifel stellt sie seine Idealfrau dar. Im Gefängnis verschenkt er sie jedoch an seine Schwester, die nach seinem Tod ganz allein ist. Sie dient Mia in der Phase nach dem Suizid ihres Bruders als tröstende Gesprächspartnerin, als Zuhörerin ohne eigene Ansprüche.

Auftrag, Mia zu einer Entscheidung zu drängen

Im weiteren Verlauf der Handlung entwickelt sich die imaginäre Geliebte von einer Person des Zuspruchs zu einer Figur des Widerspruchs. In ihr leben Moritz' Gedanken fort. Die ideale Geliebte provoziert Mia, reizt zur Auseinandersetzung, genauso wie es der Bruder zu seinen Lebzeiten getan hat. Als Mias innere Stimme drängt sie die „Zaunreiterin" (141) mit dem Verweis auf den bekannten Protestsong „Which Side Are You On?", sich zu entscheiden, auf welcher Seite sie denn stehe (vgl. 105). Bezeichnenderweise verlässt sie Mia in dem Moment, in dem sich deren innerer Konflikt auflöst und sie sich zu ihrem Bruder bekennt. Damit ist der „Auftrag" (189) der idealen Geliebten erfüllt. Mit ihrer Hilfe findet die Protagonistin zu sich selbst und entwickelt sich „von einer total verkopften Naturwissenschaftlerin zu einem lebensfrohen, gefühlsbetonten Menschen" (Zeh, *Fragen*, 67).

Erzähltechnische Funktion

Nicht nur inhaltlich, sondern auch erzähltechnisch hat die ideale Geliebte eine wichtige Funktion. Schon für die Theaterfassung konnten Mias Gedanken und Gefühle in den Augenblicken, in denen sie allein zu Hause ist, durch die personalisierte innere Stimme dialogisiert werden. Im Roman *Corpus Delicti* ist dieser Kunstgriff übernommen worden und ersetzt einen inneren Monolog.

Würmer

Nachwuchsjournalist und manipulierter Kronzeuge
- Würmers Name erinnert an Schillers intriganten Sekretär aus dem bürgerlichen Trauerspiel *Kabale und Liebe*.
- Er ist Kramers Schüler. Seinen größten Tag erlebt er, als dieser in seine Talkshow WAS ALLE DENKEN kommt.
- Als die Fehlbarkeit des Systems offenbar wird, fordert er eine offene Diskussion und äußert sich kritisch gegenüber der METHODE.
- Im Prozess gegen Mia tritt er als Kronzeuge auf. Er gibt sich als *Niemand* aus und belastet die Protagonistin schwer.

Auch Würmer verfügt über einen Namen, der Assoziationen hervorruft. Er erinnert an Wurm, Schillers intrigante Figur aus dem bürgerlichen Trauerspiel *Kabale und Liebe*. Dort versucht der Sekretär des Präsidenten durch fingierte Briefe und Falschaussagen eine nicht standesgemäße Liebe zu zerstören. Darin ähnelt er dem Journalisten Würmer hinsichtlich seines fragwürdigen Auftritts vor Gericht. Beide Namen verweisen auf eine schlangenähnliche Kreatur, die leicht zertreten wird.

Parallelen zu Schillers Figur

Würmer ist Kramers „Schüler" (179) und Ziehkind. Der Nachwuchsjournalist eifert seinem Idol in allem nach. Seit kurzem moderiert er eine eigene Talkshow mit dem Namen WAS ALLE DENKEN. Es ist der größte Tag seines bisherigen Lebens, als Kramer in seine Sendung kommt.

Karriere und Vorbild

Würmer steht ohne Zweifel hinter der METHODE, doch die Erschütterungen im Prozess um Mia verleiten ihn zu systemkritischen Äußerungen. Seiner Ansicht nach bestehe die Stärke eines politischen Systems darin, sich „neuen Entwicklungen anzupassen" (179). Später fordert er öffentlich eine „Grundsatzdiskussion im Methodenrat" (196). Für seine Kritik wird er aber offensichtlich kaltgestellt. Als Kramer ein zweites Mal in der Talkshow auftritt, ist Würmer verschwunden.

Systemkritische Äußerungen

Es bleibt unklar, warum er im Prozess als Kronzeuge auftritt. Offensichtlich ist ihm nicht wohl dabei, dass er sich als *Niemand* ausgibt und Mia schwer belastet, indem er behauptet, sie sei die Anführerin der *Schnecken*. Möglicherweise ist seine Aussage erpresst worden.

Erpresste Aussage?

Das juristische Personal

Die schwarzen Puppen

- Mias Wahrnehmung der Juristen als schwarze Puppen symbolisiert deren Austauschbarkeit. In der gleichgeschalteten Justiz sind sie lenkbare Figuren des Systems.
- Die Vorsitzende Richterin Sophie, Staatsanwalt Bell und Rosentreter, der Vertreter des privaten Interesses, sind ein eingespieltes Team.
- Ihre Namen verweisen auf charakteristische Merkmale.
- Sophies Menschlichkeit scheitert. Sie verliert die Kontrolle über den Prozess gegen Mia. Aufgrund ihres Widerspruchs gegen Kramer wird sie in die Provinz versetzt.
- Der stets keifende Staatsanwalt Bell macht seinem Namen alle Ehre. Seine rechthaberische Pedanterie geht Sophie seit jeher auf die Nerven.
- Der tollpatschige Rosentreter wird als „netter Junge" (13) beschrieben. Als Verteidiger ist er eher mittelmäßig. Mit der Aufdeckung des Justizskandals um Moritz Holl erlebt er eine Sternstunde seiner beruflichen Karriere. Vor der entscheidenden Verhandlung legt er die Verteidigung von Mia nieder, um sich nicht selbst zu gefährden.
- Der behäbige Richter Hutschneider übernimmt den Vorsitz nur widerwillig, da er Ärger fürchtet. Am Ende verkündet er das vom Methodenschutz vorbereitete Urteil.

Marionetten des Systems

Im Methodenstaat gibt es keine unabhängige Justiz. Sie ist vielmehr ein politisches Instrument, um Gegner zu bestrafen. Als verlängerter Arm der METHODE sind ihre Vertreter Marionetten des Systems. Mia nimmt sie in entscheidenden Momenten wegen ihrer dunklen Roben nur als schwarze Puppen (vgl. 53 und öfter) wahr: austauschbare, anonymisierte Funktionsträger einer unbarmherzigen Regierung.

Kafkaeske Undurchschaubarkeit der Strukturen

Die Gesichtslosigkeit der Rechtsverteter und -vertreterinnen wird unterstützt durch die Tatsache, dass sie teilweise ohne Anwesenheit der Angeklagten entscheiden. In der Güteverhandlung gegen Mia urteilen die Juristen, ohne dass sie selbst Stellung zu den Vorwürfen nehmen kann. Sie ist lediglich als nackte Ganzkörper-Projektion zugegen. Die für die Angeklagten undurchschaubaren Strukturen und die Einflussnahme durch mächtige Kräfte im Hintergrund (z. B. den Methodenschutz) erinnern an Kafkas Roman *Der Proceß* (1925).

Juli Zeh macht das System an einem eingespielten Trio sichtbar. Sophie ‚thront' als Vorsitzende Richterin über den beiden Vertretern des öffentlichen bzw. privaten Interesses. Staatsanwalt Bell und der Verteidiger Rosentreter teilen sich einen gemeinsamen Schreibtisch. Bells Einfluss als Vertreter des öffentlichen Interesses ist jedoch viel größer als der seines Gegenübers. Dies wird symbolisch dadurch zum Ausdruck gebracht, dass der Staatsanwalt weite Teile des Tisches einnimmt, während Rosentreter sich mit einer kleinen Ecke an der „kurze[n] Seite" (13) begnügen muss.

Ungleichgewicht der Interessenvertreter

Richterin Sophie

Der Name der jungen Richterin ist abgeleitet von griech. ‚Weisheit'. Dieser Wesenszug bewahrheitet sich auch in ihrem Verhalten. Sie ist in der Lage, die Forderungen des Staatsanwalts und des Verteidigers auszubalancieren und besonders Bell, wenn es notwendig ist, in die Schranken zu weisen. Stets hat sie die sozialen und psychologischen Umstände der Rechtsbrecher im Blick und neigt dazu, ihnen gegegenfalls noch eine „Chance" (17) zu geben.

Mit weiblicher Intuition gelingt es ihr auch, sich in Mia hineinzuversetzen. Als Einzige scheint sie zu berücksichtigen, dass diese möglicherweise „eine schwierige Phase" (19) durchlebe. Ihre erste Vermutung ist allerdings falsch, denn sie glaubt, dass Mia darunter leide, in ihrem Alter noch keinen Mann gefunden zu haben. Doch auch im weiteren Verlauf zeigt sie sowohl eine gewisse Milde als auch Verständnis für die Biologin. So macht sie ihr umfassende Hilfsangebote und setzt die Verhandlung aus, damit Mia sich mit ihrem Pflichtverteidiger besprechen kann. Schließlich reduziert sie das Strafmaß der Staatsanwaltschaft auf eine Geldstrafe von zwanzig Tagessätzen, was ein echtes „Friedensangebot" (99) ist.

Milde, Humanität und Verständnis

Sophie gibt der Justiz in der METHODE ein humanes Antlitz. Ihre Strategie der Menschlichkeit muss jedoch letztlich scheitern. Unter dem Druck des Staatsanwalts und ihrer Richterkollegen verliert sie die Kontrolle über den Strafprozess gegen Mia. Sichtbarer Ausdruck der verlorengegangenen Ordnung ist, dass sie ihren blonden

Scheitern und Auflösung der Ordnung

„Pferdeschwanz" (160) auflöst, der ihre Haare sonst zusammenhält. Sie unterschreibt ihr „berufliches Todesurteil" (162), als sie Beweismittel aus dem Prozess gegen Mias Bruder zulässt. Ein einziger Moment fehlender Konzentration entscheidet über ihre Karriere. Einen zweiten, vielleicht mindestens genauso gravierenden Fehler macht sie, als sie sich kurz darauf gegen Kramers Einflussnahme im Prozess wehrt. Ihr Machtwort, dass er kein Prozessbeteiligter sei und damit „kein Recht" (166) habe, sich zu äußern, zeigt ihren vergeblichen Versuch, die Unabhängigkeit der Justiz zu wahren.

Gravierende Fehler

Als der Justizirrtum aufgeklärt ist, scheint Sophie erschüttert. Sie muss hemmungslos weinen, möglicherweise auch wegen ihrer eigenen Mitwirkung als Berichterstatterin im Prozess gegen Mias Bruder, die sie rückblickend als schuldhafte Verstrickung werten dürfte. In diesem Moment weiß sie noch nicht, dass sie ihren Fehler teuer bezahlen wird. Sie wird degradiert und in die Provinz versetzt, obwohl sie „für gar nichts irgendetwas kann" (163).

Emotionales Schuldeingeständnis

Versetzung in die Provinz

Staatsanwalt Bell

Der Name des Staatsanwalts lässt ihn als einen keifenden, reflexartig lauten Menschen erscheinen, der ständig dazwischenruft. Zeit seines Lebens ist er ein überzeugter Vertreter der METHODE. Seine arrogante Art, mit der er andere über mögliche Gesundheitsgefahren belehrt, hat Sophie bereits im gemeinsamen Studium als nervtötend empfunden. Seine Besserwisserei zeigt der unsympathische Zeitgenosse jedoch nicht nur in der Mensa der Universität, sondern auch im Gerichtssaal. Die junge Richterin kann ihn mitunter nur mit einer offiziellen Verwarnung wegen Missachtung des Gerichts in seine Schranken weisen (vgl. 103, 160). Naturgemäß fordert er als Staatsanwalt stets ein hohes Strafmaß.

Arroganter Besserwisser

Verteidiger Dr. Lutz Rosentreter

Schon Rosentreters Name verrät eine gewisse Ungeschicklichkeit. Er ist „ein netter Junge" (13, 70) und liebenswerter Tölpel (vgl. 72), doch sein berufliches Vorgehen ist teilweise unprofessionell. Schon im Studium der Rechtswissenschaften ist er nur Mittelmaß. Seine Noten

Liebenswerter Tölpel

zeugten eher von der Sympathie der Lehrenden als von seinem Talent. Als Verteidiger sind ihm Erfolge weitgehend unbekannt.

Seine mangelnde Professionalität zeigt sich unter anderem daran, dass er Mia über die prozessualen Abläufe und die juristischen Konsequenzen nicht ausreichend informiert. Sie wirkt daher vor Gericht hilflos und überfordert. Er trägt definitiv dazu bei, dass sich ihre Lage verschlechtert, indem er das ursprüngliche Urteil anficht. Schlimmer noch ist freilich, dass er sie aus Eigeninteresse zu einem Härtefallantrag drängt, um „der METHODE ein Bein zu stellen" (115). Rosentreter liebt im Verborgenen eine Frau mit einem inkompatiblen Immunsystem, was im Staat als Kapitalverbrechen gilt. Durch Mias Fall hofft er, Rechtsauffassungen des Systems grundsätzlich ins Wanken bringen zu können. Er instrumentalisiert die Protagonistin damit zur Durchsetzung seiner eigenen Interessen.

Mangelnde Professionalität

Missbrauch des Falles für eigene Zwecke

Bei aller Kritik muss man ihm zugute halten, dass er die Bedeutung von Moritz' Leukämie-Erkrankung erkennt. Durch seine intensiven Nachforschungen gelingt es ihm, dessen Unschuld zu beweisen. Die Aufklärung des Justizirrtums ist für ihn „der größtmögliche Triumph" (171).

Rosentreters Triumph

Von da an entgleitet ihm jedoch die Kontrolle über die Entwicklungen. Dies liegt im Wesentlichen an Mias eigenmächtiger Strategie, mit der sie mithilfe Kramers eine öffentliche Protestwelle entfacht. Dadurch wird Rosentreters Verhältnis zu ihr zunehmend problematisch. Insbesondere nachdem sich seine Geliebte von ihm getrennt hat, weil sie ihre Zuneigung den Staatszielen unterordnet und Mia für eine gefährliche Terroristin hält (vgl. 227), beginnt er, sie regelrecht zu „hassen" (220). Bereits zu diesem Zeitpunkt möchte Rosentreter am liebsten sein Mandat niederlegen, bringt es dann aber im direkten Gespräch doch nicht übers Herz. Stattdessen unterstützt er sie bei ihren Plänen und übergibt der Protagonistin im Gefängnis eine lange Nadel.

Kontrollverlust

Hass gegenüber Mia

Erst am entscheidenden Verhandlungstag distanziert er sich endgültig von Mia. Er weiß, dass sein Verhalten ei-

Niederlegung des Mandats

nem Verrat gleichkommt. Seine Entschuldigung zeigt, dass er sein moralisches Versagen erkennt. In diesem Zusammenhang zeigt sich jedoch die ganze Schwäche seines Charakters. Aus Furcht, selbst als Methodenfeind angesehen zu werden, legt er die Verteidigung nieder. „Wie ein Schüler" (253) liest er von einem Zettel ab. Es darf angenommen werden, dass dieser von Kramer oder dem Methodenschutz vorbereitet worden ist.

Richter Dr. Ernest Hutschneider

Beschauliches Leben ohne weitere Ambitionen

Der 60-jährige Richter führt ein beschauliches Leben. Mit Stolz blickt der vierfache Familienvater und glückliche Ehemann auf das im Leben Erreichte, ohne weitere Ambitionen zu haben. Auf seine Beförderung vom stellvertretenden Vorsitzenden Richter zum Hauptverantwortlichen am Schwurgericht hätte er am liebsten verzichtet (vgl. 214).

Medienrummel und Furcht um das eigene Leben

Als Vorsitzender Richter im Fall gegen Mia Holl muss er sich nun täglich mit einer Horde Journalisten vor seiner Tür herumschlagen. Auch der Methodenschutz geht bei ihm ein und aus. Er selbst wird ununterbrochen von zwei Personenschützern begleitet. Hutschneider fürchtet nicht nur den Rummel, sondern auch um sein Leben. Er sieht Mia als eine „tickende Zeitbombe" (215), der er sich nicht gewachsen fühlt. Deshalb tut er alles, um sich selbst nicht zu gefährden.

Vorverurteilung Mias

Bereits vor dem Prozess ist er von ihrer Schuldhaftigkeit überzeugt. In seiner vorgefertigten Meinung legt er ihre Versuche, mit Würmer, dem Kronzeugen der Staatsanwaltschaft, Kontakt aufzunehmen, negativ aus. Er wertet ihre Anspielungen auf dessen systemkritische Äußerungen als Bestätigung dafür, dass sie sich kennen und sie die Anführerin der Widerstandsgruppe *Die Schnecken* ist.

Schwierigkeiten in der Verhandlungsführung

Am letzten Verhandlungstag hat er Mühe, die Verhandlung zu führen. Immer wieder wird der Prozess durch Unmutsäußerungen aus dem Publikum unterbrochen. Hutschneider lässt die Aufwiegler von Sicherheitsbeamten abführen, um die Ordnung wiederherzustellen. Der Prozessverlauf hat keinen Einfluss auf sein Urteil. Am

Ende zieht er einen Zettel aus seiner Aktentasche, „von dem angenommen werden muss, dass er schon vor der Verhandlung geschrieben wurde" (258) – möglicherweise vom Methodenschutz.

Diktiertes Urteil des Methodenschutzes

Die Nachbarinnen

KURZINFO

Typisierte Vertreter der Gesellschaft des Methodenstaats
- Die Pollsche, Lizzie und Driss wachen über die Einhaltung der Gesundheitsnormen im Wächterhaus.
- Ihre Hauptbeschäftigung ist der tägliche Treppenhaus-Tratsch.
- Als die Privilegien des Wächterhauses wegen Mias Verhalten gefährdet sind, fordern die Pollsche und Lizzie die Biologin auf auszuziehen.
- Beide bezeugen später die Botulinum-Funde in Mias Wohnung.
- Die jüngere Driss bewundert Mia. Unfreiwillig leitet sie durch ihre Meldung den Strafprozess ein. Am Ende bekennt sie sich öffentlich in der Verhandlung zu ihr und wird abgeführt.

Die drei Frauen des Wächterhauses stehen stellvertretend für die Gesellschaft des Methodenstaates. Sie exemplifizieren, wie die Gesundheitsdiktatur funktioniert. Sie achten auf die Einhaltung der Hygiene-Normen, messen die Luft- und Abwasserwerte und desinfizieren in Selbstverwaltung alle öffentlichen Bereiche des Hauses. Dafür erhalten sie entsprechende Rabatte auf Strom und Wasser. In einer Art Sozialkontrolle überwachen und denunzieren sie freilich vor allem die Mitbewohner.

Wächterinnen mit Sozialkontrolle

Die Pollsche, Lizzie und Driss treten in der Regel zusammen auf. Ihre weißen Kittel geben ihnen eine gewisse Uniformiertheit. Ihre hauptsächliche Beschäftigung scheint der tägliche Nachbarschaftstratsch im Treppenhaus zu sein. In diesem Zusammenhang spiegeln sie die öffentliche Meinung wider. Dies trifft im besonderen Maße auch auf die Einstellung gegenüber Mia zu. Dabei gibt es jedoch markante Unterschiede zwischen den dreien.

Täglicher Treppenhaus-Tratsch

Die Pollsche und Lizzie
Die beiden Wächterinnen sind naive, unreflektierte Anhängerinnen der METHODE. Sie himmeln Heinrich Kramer an, als er Mia besuchen kommt. Die Pollsche und

Naive Anhängerinnen der METHODE

Lizzie sind kaum voneinander zu unterscheiden und machen stets gemeinsame Sache. Beide sind auf den Ruf ihres Hauses und ihren eigenen Vorteil bedacht. Als der Status des Wächterhauses wegen Mias Vorstrafe bedroht ist, fordern sie sie unmissverständlich auf auszuziehen. Sie sind leicht zu instrumentalisieren und bestätigen willig das Auffinden der Botulinum-Tuben in Mias Wohnung.

Auf den eigenen Vorteil bedacht

Driss

Bewunderin Mias

Die etwas jüngere Driss hingegen bewundert seit jeher die Biologin. Sie träumt davon, dass Mia und Kramer ein Paar werden. Unfreiwillig tritt sie jedoch eine Lawine los, als sie Rauch in der Wohnung bemerkt. Sie emanzipiert sich von den beiden anderen und entschuldigt sich bei Mia, obwohl ihr die anderen drohen, dass sie „auch noch drankommen" (137) könne, wenn sie so weitermache.

Emanzipation zur Methodengegnerin

Als Mia in ihrer Wohnung verhaftet wird, setzt sich Driss zur Wehr, um ihr zu helfen. Auch öffentlich stellt sie sich hinter ihr Idol. Sie nutzt ihre Zeugenaussage vor Gericht, um Mia als „Märtyrerin" (256) und „guter Terrorist" (ebd.) zu charakterisieren. Sie wird schließlich in Handschellen abgeführt. Trotz ihrer anfänglich unkritischen Art ist sie selbst zur Methodengegnerin geworden.

Themen

Eine moderne Hexenjagd

KURZINFO

„Mittelalter ist keine Epoche. Mittelalter ist der Name der menschlichen Natur." (235)

- Auf dem Hintergrund der Entstehung des Romans thematisiert *Corpus Delicti* eine Vielzahl politischer Entwicklungen der Vergangenheit, projiziert diese aber in eine Zukunftsgesellschaft.
- Die Konzeption der Protagonistin basiert auf der Figur des *homo sacer*, des ausgestoßenen und für vogelfrei erklärten Menschen der römischen Antike, die von dem italienischen Philosophen Giorgio Agamben beschrieben worden ist.
- Nach Meinung der Autorin braucht ein Staat stets ein Feindbild, um seine Bürger hinter sich zu vereinigen. Im Mittelalter ist dieser gemeinsame Gegner die Hexe. In der Moderne ist es der Gefährder bzw. Terrorist.

Juli Zeh bezeichnet die moderne Hexenjagd als „Grundidee" (Zeh, *Fragen*, 27) ihres Romans. Da *Corpus Delicti* zunächst eine Auftragsarbeit für die Ruhrtriennale 2007 war, die unter dem Motto „Mittelalter" stattfinden sollte, beschäftigte sich die Autorin mit entsprechenden historischen Motiven und Entwicklungen jener Epoche. Diese erwiesen sich als sehr produktiv für das ursprüngliche Theaterstück.

Hexenjagd als Grundidee

Obwohl der Höhepunkt der Hexenverfolgung erst zwischen 1550 und 1650 liegt, gehen die Ursprünge auf das Mittelalter zurück. Einen entscheidenden Verbreitungsschub erhielt sie durch den *Hexenhammer* (1486) des Dominikanermönchs und Inquisitors Heinrich Kramer. Die Folter führte in den Hexenprozessen in der Regel zu einem Geständnis. Die in Nördlingen 1593 angeklagte Hexe Maria Holl widerstand allerdings allen Folterungen und weigerte sich, sich als Hexe zu bekennen. All diese historischen Vorbilder sind in das Drama bzw. in den Roman eingeflossen.

Hexenhammer von Heinrich Kramer

Zeh ging es jedoch offenbar nicht um historische Genauigkeit, sondern um die Darstellung eines gesellschafts- und machtpolitischen Mechanismus, der bis heute unter veränderten Vorzeichen gültig ist. Für sie ist das Mittel-

Darstellung eines machtpolitischen Mechanismus

alter keine Epoche, sondern Chiffre für ein allgemeingültiges Prinzip bzw. – wie Mia es ausdrückt – „der Name der menschlichen Natur" (235).

Gemeinsames Feindbild stiftet Identität

„Jedes System braucht Feindbilder, gegen die es sich abgrenzen und gemeinschaftlich verteidigen kann. Das schafft Identität. Insofern sind jede Hexe und jeder Staatsfeind immer auch eine Selbstbestätigung der Mehrheitsgesellschaft und der herrschenden Klasse. Man beweist die eigene Machtvollkommenheit, indem man sich das Recht nimmt, einzelne Individuen aus der Gesellschaft zu verstoßen und sie für vogelfrei zu erklären. Gleichzeitig festigt man auf diese Weise die Bedeutung der gemeinsamen Werte." (Zeh, *Fragen*, 31 f.)

Einfluss von Giorgio Agamben

Zehs Gedanken sind stark beeinflusst von den Schriften des italienischen Philosophen Giorgio Agamben. Eine Anspielung auf ihn findet sich auch im Roman, da sich eines seiner Bücher in Mias Regal befindet (vgl. 128). Vermutlich handelt es sich um sein Hauptwerk *Homo sacer* (1995). Der „heilige Mensch" ist im römischen Strafrecht ein vom sozialen und politischen Leben Ausgeschlossener, der auf das nackte Leben reduziert ist. Er konnte zwar straffrei verfolgt und getötet, aufgrund seiner „Heiligkeit" jedoch nicht geopfert werden, also eine Ausnahme darstellte. Nach Agamben liegt es in der Macht eines jeden Staates, einen Ausnahmezustand zu definieren und zu entscheiden, wer als gesellschaftlicher Feind gelte.

Terrorist als moderne Hexe außerhalb des Rechts

Im Mittelalter war dies die Hexe. Im 21. Jahrhundert ist diese Figur nach Juli Zehs Ansicht durch den „Gefährder" oder „Terroristen" (Zeh, *Fragen*, 30) ersetzt worden. Auch diese unterliegen gelegentlich nicht mehr den gültigen Rechtsnormen, wie das Beispiel der Folterung von Gefangenen in Abu Graib (2003/04) durch US-Soldaten oder die Inhaftierung von Terrorverdächtigen in Guantánamo zeigt.

Mia als moderner *homo sacer*

Mia erscheint insofern als ein moderner *homo sacer*, als sie unschuldig zur Staatsfeindin stilisiert wird, an der die METHODE ihre Macht exemplifiziert. Auf diese Zusammenhänge weisen auch die beispielsweise in den Namen vorhandenen zahlreichen Anspielungen auf die Hexenverfolgung hin. Das politische System benutzt Mia, um eine Art „Vertrauensfrage" (188) zu stellen. Die Ausgrenzung der Staatsfeindin zwingt die Bürger zur Stellungnahme für oder gegen die METHODE. Wie beabsichtigt versammelt sich das Kollektiv hinter dem System, was beispielsweise an den Nachbarinnen deutlich wird. Mit dem Auftreten eines modernen Inquisitors wie Kramer lenkt die Autorin die Aufmerksamkeit bewusst auf die nach ihrer Ansicht „immer noch vorhandenen totalitären Neigungen innerhalb unserer demokratischen Systeme" (Zeh, *Fragen*, 39).

Gesundheitsdiktatur und Überwachungsstrukturen

Biopolitik mit totalitären Zügen

- In der Diktatur der METHODE liegt keine Gewaltenteilung vor.
- Die gleichgeschaltete Presse hat Propagandafunktion. Alternative Meinungen werden unterdrückt (vgl. die Namen des Presseorgans und der Talkshow).
- Der Methodenschutz gleicht einer terroristischen Geheimpolizei, die außerhalb des Rechtsrahmens agiert.
- Die METHODE legitimiert sich allein durch die Erhaltung der Gesundheit der Bürger. Dabei erhebt sie Anspruch auf Unfehlbarkeit. Grundlage des politischen Handelns ist der messbare, überwachte und kontrollierte Körper und der damit verbundene Eingriff in die persönlichen Freiheitsrechte.
- Die freie Partnerwahl ist eingeschränkt. Sexualität steht unter dem Primat der „Zuchtauswahl" (Leis/Rieker, 2016, S. 51).
- Das Modell einer Gesundheitsdiktatur geht zurück auf die in den Werken von Michel Foucault und Giorgio Agamben vorgenommene Entschlüsselung totalitärer Ideologien.
- Infolge der Corona-Krise zu Beginn der 2020er-Jahre hat die Sorge darum, dass die Gesundheit zum Hauptgegenstand der Politik werden könnte, neue Aktualität bekommen. Gegner der vorübergehenden Infektionsschutz-Maßnahmen werten diese als Angriff auf demokratische Grundrechte.

Der Aufbau des Methodenstaates kann nur aus verstreuten Textstellen erschlossen werden. Insgesamt wird der Staatsapparat nur flüchtig gezeichnet. An der Spitze steht der Präsident des Methodenrates (vgl. 263). In seiner Allmacht entscheidet er über Leben und Scheintod, was aus der Begnadigung Mias ersichtlich wird. Der Methodenrat scheint eine Art Regierung zu sein, über deren Zustandekommen sich der Roman ausschweigt. Parlamentarische Strukturen und Gremien sind nicht erwähnt.

Aufbau des Methodenstaates

Diktatur ohne Gewaltenteilung

Eine klassische Gewaltenteilung, wie sie in demokratischen Rechtsstaaten vorzufinden ist, gibt es nicht. Offenbar handelt es sich um eine Diktatur, in der die Gewalten verschränkt bzw. der Ideologie des Systems untergeordnet sind. Es werden zwar verschiedene Ebenen der Justiz angedeutet, die von einfachen Amtsgerichten bis zum Höchsten Methodengericht (vgl. 196) reichen. Doch die

Gerichte ohne Unabhängigkeit

Gerichte sind nicht unabhängig, sondern Disziplinierungsinstrumente im Dienste der METHODE. Das Verfahren gegen Mia kann dafür als exemplarischer Fall gelten, denn in ihrem Schauprozess steht das Urteil bereits von vornherein fest. Es wird vom Methodenschutz diktiert und als vorgefertigter Text von Richter Hutschneider verlesen.

Gleichgeschaltete Presse mit Propagandafunktion

Auch die Presse ist gleichgeschaltet. Nach dem Vorbild totalitärer Staaten dient sie der METHODE vor allem als Propagandainstrument. Kritische Stimmen oder kontroverse Diskussionen gibt es offenbar nicht. Dafür sorgen schon allein die Formate. In der Talkshow WAS ALLE DENKEN ist Kramer der einzige Gast. Bereits die Titel der Sendung bzw. Zeitung DER GESUNDE MENSCHENVERSTAND sind verräterisch, lassen sie doch keinen Widerspruch zu. Kramers Äußerungen sind nicht Teil einer

Journalist Kramer als Sprachrohr der METHODE

objektiven regierungskritischen Berichterstattung, sondern hochgradig manipulativ im Sinne des Systems. Er ist das mediale Sprachrohr der METHODE.

Methodenschutz als terroristische Geheimpolizei

Wie bekannte historische Diktaturen verfügt die METHODE über eine terroristische Geheimpolizei. Der Methodenschutz steht außerhalb des gesetzlichen Rahmens, was an den fragwürdigen Praktiken gegenüber den Geschwistern Holl sichtbar wird. Ohne eine Gefahr für das System zu sein, wird Moritz observiert. Um ihn auszuschalten, stellt der Methodenschutz dem Philosophie-Studenten eine Falle (vgl. 211), die ihn zum Mörder stempelt und damit der Verhaftung preisgibt. Es darf spekuliert werden, ob Hannemanns Tod ebenfalls auf das Konto der Geheimpolizei geht, um eine öffentliche Vernehmung zu verhindern. Möglicherweise auf Anweisung Kramers werden Mia vom Methodenschutz später Beweise untergeschoben, die belegen sollen, dass sie einen Anschlag auf die Trinkwasserversorgung geplant habe.

Üble Machenschaften

Informationen über das Fehlverhalten Einzelner gibt es von der Basis der Bevölkerung. Die Wächterhäuser erscheinen in diesem Zusammenhang als vorgelagerte Kontrollposten des Staates. Innerhalb eines Systems gegenseitiger Überwachung sind sie „Denunziantenkommunen" (Zeh, *Fragen*, 52).

Funktion der Wächterhäuser

Das alleinige „Prinzip staatlicher Legitimation" (8) – so der Titel von Kramers grundlegendem Werk zur METHODE – ist Förderung und Erhalt der Gesundheit aller. Gesundheit bedeutet nicht nur die Abwesenheit von Krankheiten, sondern ermöglicht eine indvididuell „gesteigerte Norm" (7). In dem auf größtmöglichen Nutzen ausgerichteten Konzept der Politik wird der einzelne Bürger danach beurteilt, ob er als Gesunder zur „Vollkommenheit des gesellschaftlichen Zusammenseins" (ebd.) beiträgt.

Legitimation des Systems: Förderung der Gesundheit

Gleichzeitig hat die METHODE den Anspruch, aufgrund neuester wissenschaftlicher Erkenntnisse „unfehlbar" (37) zu sein. Laut Kramer sei das System „perfekt" (36), die Gesellschaft am „Ziel" (ebd.). Doch im Verlauf der Handlung wird deutlich, dass dieses Versprechen auf tönernen Füßen steht. Die Beweise, die Rosentreter beim Aufrollen des Prozesses um Moritz Holl beibringt, belegen etwa die Fragwürdigkeit der DNA-Analyse.

Unfehlbarkeit

Die METHODE ist jedoch längst nicht so gefestigt, wie es scheint, was auch Kramer zugibt. Schon kleinere Verstöße können den ganzen „Organismus schwer verletzen oder sogar töten" (37). Dies ist der Hintergrund für die staatlichen Maßnahmen gegen Mia, die im Grunde lediglich in Ruhe um ihren Bruder trauern möchte. Die Nichteinhaltung ihrer Meldepflichten wird als politisches Fehlverhalten gedeutet. Dass die METHODE nonkonforme Verhaltensweisen fürchtet, zeigt sich auch in ihren wenig souveränen Reaktionen auf die Sympathiebekundungen für Mia (vgl. 256).

Anfälligkeit der METHODE

Die METHODE konzentriert sich auf Machttechniken, die an die biologischen Prozesse anknüpfen. Durch einen implantierten Chip am Oberarm hat das System jederzeit Zugriff auf alle biometrischen Daten. Überwacht und kon-

Biopolitik knüpft an den Körper an

Umfassende
Kontrolle und
Überwachung

trolliert werden „Blutwerte, Informationen zu Kalorienverbrauch und Stoffwechselabläufen" (18). Urinanalysen, Schlafberichte und sportliche Leistungskurven ergänzen das Bild. Sensoren in den Toiletten lesen Werte im Abwasser aus; andere, die am Straßenrand mit dem Chip im Körper korrespondieren, erstellen ein lückenloses Bewegungsprofil. In der Präsentation der nackten Körperbilder vor Gericht manifestiert sich das Recht des Staates, uneingeschränkt den Blick auf das biologische Sein des Menschen zu richten. Eine Intims- oder Privatsphäre, das Recht auf persönliche Freiheit und körperliche Unversehrtheit, wie es das Grundgesetz Art. 2 garantiert, sind im Methodenstaat nicht gegeben. Es gibt nur einen Weg, sich der Überwachung des Systems zu entziehen. Mia operiert sich deshalb am Ende den Chip selbst heraus.

Eingeschränkte
Partnerwahl

Auch Sexualität ist in der METHODE staatlich kontrolliert. Die Partnerwahl ist eingeschränkt und beruht auf immunologischer Kompatibilität, d. h. die Zentrale Partnervermittlung schlägt nur Partner mit derselben Immungruppe vor. Um Erbkrankheiten zu vermeiden, wird selektiert, was an die nationalsozialistische Eugenik erinnert. Im

„Pervertierte
Zuchtauswahl"

Grunde dient das staatliche Monopol einer „pervertierten ‚Zuchtauswahl'" (Leis/Rieker, 2016, S. 51) zur Entwicklung einer gesunden Gesellschaft. Individuelle Gefühle spielen keine Rolle. Wer wie Rosentreter eine Frau mit einem inkompatiblen Immunsystem liebt, begeht ein „Kapitalverbrechen" (113).

Vollkommene
Unterordnung
unter das
Kollektiv

Die METHODE duldet keine Abweichung. Individuelle Bedürfnisse sind ihr fremd. Das System verlangt die vollkommene Unterordnung unter die Interessen des Kollektivs. Schmerz und Trauer sind keine Privatangelegenheit, wie Mia meint. Der Einzelne schuldet „der Gemeinschaft das Bemühen, diese Not zu vermeiden" (58). Der Staat versteht sich als Vertretung des allgemeinen Willens, da nach seinem Selbstverständnis eine generelle Übereinkunft zwischen „allgemeinem und persönlichem" (87) Interesse besteht. Diese gilt als Normalzustand. „Außerhalb der Normalität herrscht Einsamkeit" (ebd.), formuliert Kramer als öffentliche Drohung. Dabei darf nicht übersehen werden, dass der Methodenstaat die Normalität definiert und damit implizit Normen setzt.

Es mag verwundern, dass es kaum Widerstand gegen ein so repressives System gibt. Die R.A.K. ist lediglich ein loses Netzwerk im Untergrund, das selbst im Aufwind der Sympathiebekundungen für die Geschwister Holl nicht in Erscheinung tritt. Moritz hat Zweifel, ob „es sie überhaupt gibt" (149). Möglicherweise ist die R.A.K. lediglich ein Produkt Kramers, um die Menschen in Angst zu versetzen.

Kaum Widerstand

Entscheidend ist aber, dass die allermeisten Bürger mit der „Wohlfühldiktatur" (Ehm, 2018, S. 58) absolut zufrieden sind (vgl. Zeh, *Fragen*, 45–47). Die Erfolge der METHODE im Bereich der Gesundheit sind offenbar so groß, dass viele Krankheiten nur noch als „historisches Phänomen" (85) bekannt sind. Erkältungen sind seit Jahrzehnten ausgerottet. Bei schwerwiegenden Erkrankungen wie Leukämie verspricht das System sichere Hilfe, weil es über eine umfassende Datei von Stammzellenspendern verfügt, die möglicherweise sämtliche Bürger erfasst. Der ganz großen Mehrheit zeigt sich die METHODE als Fürsorgestaat, dessen Maßnahmen bei allen Einschränkungen der Selbstbestimmung gutgeheißen werden.

„Wohlfühldiktatur"

Genau diese Einstellung herrscht nach Ansicht der Autorin auch in der Gegenwart. Die Vorstellung, dass es doch gut sei, wenn sich der Staat um die Gesundheit seiner Bürger kümmere und dazu Daten sammele, sei weit verbreitet. „Warum soll ich gegen Überwachung sein, wenn ich nichts zu verbergen habe?" (ebd., 46), zitiert sie eine häufige Aussage. Vor einer solchen Arglosigkeit warnt jedoch der Roman *Corpus Delicti* und schildert, was passieren könnte, wenn der Staat sich konsequent auf biopolitische Maßnahmen konzentrierte.

Ansätze für besorgniserregende Entwicklungen

Zeitgenössische Arglosigkeit im 21. Jahrhundert

Dem steht die Autorin grundsätzlich kritisch gegenüber. In diesem Zusammenhang stützt sie sich auf ein Phasenmodell des französischen Philosophen Michel Foucault, das dieser bereits in seinem auf Vorlesungen beruhenden Werk *Die Geburt der Biopolitik* (1978/79) aufgestellt hat. Die Aufsicht über Hygiene und Gesundheit habe – so Foucault – erst zur Herausbildung des modernen Staates geführt. Dazu habe es je nach Zeitalter unterschiedliche

Foucaults Modell

„Social Credit System" in China

Herrschaftstechniken gegeben: vom Ausschluss der Kranken über deren repressive Überwachung bis hin zur heute üblichen Erziehung der Bürger zur Eigenverantwortung. Diese Maßnahme wird derzeit als „Nudging" bezeichnet. Dabei gibt der Staat Anreize, unter Umständen sogar finanziell, um bestimmte Verhaltensweisen attraktiv zu machen. In China beispielsweise befindet sich ein „Social Credit System" in der Testphase (vgl. Zeh, *Fragen*, 181), bei dem die Bürger im Alltag großflächig überwacht werden. Sie bekommen Punkte für gesunde Ernährung oder Ähnliches, was ihnen verbilligte Kredite oder andere Vergünstigungen ermöglicht. *Corpus Delicti* spielt auf eine derartige Vermengung von staatlichen Kontrollmaßnahmen mit dem wirksamen Appell an die Bürger an. Ein Beispiel dafür ist das Konzept der Wächterhäuser.

Zehs grundsätzliche Kritik an einer Biopolitik

Eine weitere wichtige Quelle für Zehs Kritik an der Biopolitik ist Giorgio Agambens Entschlüsselung totalitärer Systeme. Wie dieser versteht die Autorin jedes politische Anknüpfen an den Körper als einen Ansatz, der „in den Totalitarismus führt oder bereits totalitäre Elemente enthält" (ebd., 98). Die Rassenpolitik des Nationalsozialismus habe exemplarisch vorgeführt, wie aus biologischen Fakten Wertaussagen über Personen entstehen. Menschen, die nach den Maßstäben eines politischen Systems als nicht normal oder minderwertig gelten (z. B. Kranke im vorliegenden Roman, vgl. 124), werden ausgegrenzt. „*Corpus Delicti* zeigt perspektivisch, wohin solches Denken führen kann." (Zeh, *Fragen*, 99)

Neue Aktualität biopolitischer Maßnahmen in der Corona-Pandemie

In jüngster Zeit haben diese Warnungen neue Aktualität gewonnen. Die Corona-Pandemie hat beispielsweise staatliches Handeln im Gesundheitsbereich erforderlich gemacht. Die vorübergehende Einschränkung mancher Grundrechte hat in Teilen der Bevölkerung zu Zweifeln an der Verhältnismäßigkeit geführt. Diese Zweifel werden gelegentlich auch durch die Verbreitung von Verschwörungstheorien geschürt.

Freiheit vs. Sicherheit

„Ohne 9/11 hätte es diesen Text niemals gegeben." (Zeh, *Fragen*, 161)

- Mit den Anschlägen vom 11. September 2001 wurde Sicherheit zum entscheidenden Parameter der Politik.
- Während in der Mehrheit der Bevölkerung Zustimmung herrscht, wurden immer wieder auch kritische Stimmen laut, die vor damit verbundenen möglichen Eingriffen in die Privatsphäre und Freiheitsrechte warnen.
- Die zweigeteilte Meinung zeigt sich in *Corpus Delicti* am Beispiel der Geschwister Holl. Während Moritz seine Freiheiten ausleben will, ist Mia von Sicherheitsgedanken geprägt.

Die islamistischen Terroranschläge vom 11. September 2001 auf das World Trade Center und das Pentagon haben die Gegenwart nachhaltig geprägt. Als Folge der schockierenden Ereignisse, bei denen etwa 3000 Menschen den Tod fanden, wurde die Balance zwischen Freiheit und Sicherheit neu definiert. Binnen weniger Jahre wurde Sicherheit zu einem „Super-Wert, dem alles andere zu weichen hatte" (ebd., 159).

Sicherheit als neuer „Super-Wert"

Aus Angst vor Terrorismus wurden in der westlichen Welt strikte Sicherheitsmaßnahmen ergriffen, die teilweise mit Einschränkungen der individuellen Freiheit einhergingen. So verabschiedeten die USA beispielsweise 2001 den *Patriot Act*, ein Bundesgesetz, das etwa die Überwachung von Bürgern durch Geheimdienste ohne richterliche Anordnung ermöglicht. Edward Snowden enthüllte durch die Aufdeckung des NSA-Skandals (2013) das ganze Ausmaß der Internet- und Telefonüberwachung.

Ungeahnte Überwachung der Telekommunikation

In Deutschland wurde 2007 die äußerst umstrittene Vorratsdatenspeicherung eingeführt, nach der Telekommunikationsanbieter Daten aller Kunden über einen Zeitraum von sechs Monaten für eine etwaige Strafverfolgung bereit halten müssen. Dabei geht es vor allem um Handy-Standort, IP-Adressen und E-Mail-Kontakte. Da es sich um einen gravierenden Eingriff in die Privatsphäre und das Recht auf informationelle Selbstbestimmung handelt, ist gegen dieses Gesetz immer wieder erfolgreich geklagt worden, so dass es modifiziert werden musste. Unabhän-

Umstrittene Vorratsdatenspeicherung

Neue staatliche Kompetenzen gegen Terroristen?

gig davon haben nach Ansicht von Juli Zeh „[s]tarke Kräfte in der Gesellschaft" versucht, gegen Gefährder „immer neue staatliche Kompetenzen […] durchzusetzen", die es beispielsweise erlauben würden, „in bestimmten Situationen Folter zu legalisieren" (ebd., 158).

Grundstimmung der Verunsicherung

Die Terroranschläge und die politischen Reaktionen trafen auf eine weitverbreitete Grundstimmung in der Bevölkerung, die laut Zeh durch Orientierungslosigkeit und Unsicherheit geprägt war. Die Gründe dafür sind in der sich immer schneller wandelnden Welt, der Globalisierung, der Digitalisierung und den neu definierten Geschlechterbeziehungen zu suchen. Insofern wurde staatliches Handeln, das mehr Sicherheit versprach, mehrheitlich positiv aufgenommen und kaum hinterfragt.

9/11 als Geburtsstunde des politischen Bewusstseins

Für die Autorin war der 11. September 2001 jedoch die Geburtsstunde [ihres] politischen Bewusstseins" (ebd., 160). Mit Erschrecken stellte sie fest, wie Bürgerrechte ihres Erachtens ohne Grund über Bord geworfen wurden:

> „*Corpus Delicti* ist unter anderem eine Folge meiner Politisierung im Spannungsfeld von Freiheit und Sicherheit. Ohne 9/11 hätte es diesen Text niemals gegeben. Noch am Tag davor wäre es mir völlig sinnlos erschienen, einen Roman über eine Gesundheitsdiktatur zu schreiben. Denn Gesundheit ist ja gewissermaßen ein Synonym für Sicherheit, für die Sehnsucht nach einem störungsfreien, unbedrohten, schmerzfreien, gut kontrollierten Leben." (Ebd., 161)

Warnung vor dauerhaftem Ausnahmezustand

Während viele Menschen staatliche Maßnahmen zur Gewährleistung der Sicherheit als unerlässlich oder zumindest als notwendiges Übel betrachten, kritisiert Juli Zeh eine möglicherweise ausufernde Praxis scharf. Sie warnt davor, dass sich das Verhältnis von Staat und Individuum generell verändern könnte, und befürchtet, dass aus „temporäre[n] Härtefallregeln" (Zeh, „Vom Sozialstaat zum Kontrollsystem", 2007) ein dauerhafter Zustand werden oder der Staat sein Handeln nicht mehr mit der Sicherheit, sondern einem anderen Wert rechtfertigen könnte.

Genau dies macht sie im Entwurf des Methodenstaats deutlich. Auch die *Corpus-Delicti*-Welt ist aus einer Krise der „Verunsicherung" gegen Ende des 20. Jahrhunderts entstanden (vgl. 88 f.). Kramers Rhetorik in diesem Zusammenhang, insbesondere sein Artikel „Bedrohung verlangt Achtsamkeit" ist laut Zeh (vgl. *Fragen*, 85) teilweise dem „realen Sicherheitsdiskurs rund um den islamistischen Terrorismus" (ebd.) entnommen.

Nicht zuletzt die Spaltung der Gesellschaft hinsichtlich der Einschätzung, welches Maß an Sicherheit und Freiheit erforderlich ist, findet sich im Roman wieder. In Kap. 22 „Das Ende vom Fisch" kommt es zwischen den Geschwistern Holl zu einem handfesten Streit über dieses Thema. Mia bevorzugt eindeutig ein starkes „Sicherheitsfundament" (93). Sie fühlt sich wohl in der Vorstellung, dass sich die METHODE um alles kümmert. Bis zum Suizid ihres Bruders fühlt sie sich in keinster Weise gegängelt oder eingeengt. Moritz bildet einen Gegenpol zur Position seiner Schwester. Er bezeichnet Sicherheit verächtlich als „Spießerparole" (ebd.) und pocht auf seine Freiheiten. Dazu zählt für ihn, die vollständige „Machtfülle über die eigene Existenz" (92) zu haben. Das beinhaltet auch das Recht, sich selbst Schaden zuzufügen und letztlich den Freitod zu wählen.

Parallelen zwischen Realität und Roman

Mias „Sicherheitsfundament"

Moritz' Freiheitsdrang

Freiheit heißt für ihn darüber hinaus auch Selbstbestimmung in sexueller Hinsicht. Nicht nur seine Sexualpraktiken sind als Abweichung von der im Methodenstaat festgelegten Norm zu verstehen, sondern auch sein Bedürfnis, körperliche Intimität zu erfahren, ohne Kinder zeugen zu wollen, steht im Widerspruch zur METHODE.

Sexuelle Selbstbestimmung

Doch nur in der Natur außerhalb der keimfreien Zonen kann er sich der Überwachung der METHODE vollkommen entziehen. Regelmäßig führt er daher seine Schwester „in das, was er Freiheit nannte, nämlich in den unhygienischen Wald" (90). Die „Kathedrale" ist sein individueller Fluchtort, an dem er seine Leidenschaften wie Angeln und Diskutieren ausleben kann. Bezeichnenderweise wird der Ort von der METHODE als geheimer Treffpunkt von Widerständlern umgedeutet.

Natur als Fluchtpunkt der Freiheit

Big Data: Die freiwillige Aufgabe der Privatsphäre

KURZINFO

Erschreckendes Ausmaß an Selbstentblößung
- Viele Unternehmen sammeln Daten, um ihre Produkte und Dienstleistungen zu personalisieren. Nach Meinung Juli Zehs gehen viele Menschen zu sorglos mit ihren persönlichen Daten um (vgl. Zeh, *Fragen*, 180).
- Darüber hinaus kritisiert sie die Tendenz vieler Nutzer(innen) sozialer Medien, sich ständig zeigen zu müssen (vgl. ebd., 46).

Privatsphäre hat an Bedeutung verloren

Generell scheint der Sinn für den Wert der Privatsphäre verloren zu gehen. In den sozialen Netzwerken betreiben viele Menschen „ein erschreckendes Maß an Selbstentblößung. Es stört sie nicht mehr, beobachtet zu werden; im Gegenteil haben sie das Gefühl, sich ständig zeigen zu müssen." (Ebd.) Das (Mit-)Teilen und Zeigen von zeitgleichen Erlebnissen oder auch vom eigenen Körper ist besonders unter Jugendlichen zur Normalität geworden. Vielfach hängt das Selbstwertgefühl von der Anzahl der Likes ab. Dass diese Inhalte theoretisch von jedem mitgelesen, gespeichert und unkontrolliert weiterverbreitet werden können, wird in Kauf genommen. Auch dass das Posten persönlicher Inhalte zu peinlichen Situationen bzw. zur Minderung von Einstellungschancen führen kann, ist nur den wenigsten Nutzern und Nutzerinnen bewusst. Zeh hält diese freiwillige Aufgabe der Privatsphäre für mindestens genauso problematisch wie staatliche Bestrebungen, Daten der Bürger zu erfassen, wie sie in einem Interview mit Karin Janker („Wir werden manipulierbar und unfrei", in: *Süddeutschen Zeitung*, 26. November 2014) äußerte.

Arglose Selbstentblößung

Big Data

Die Sorglosigkeit hinsichtlich der Preisgabe von eigenen Daten zeigt sich vor allem auch gegenüber privaten Unternehmen, die ihre Dienstleistungen immer stärker personalisieren wollen. Big Data, d. h. die Akkumulation von Bewegungsprofilen, Kaufentscheidungen und Suchverläufen, ermöglichen die Erstellung von Nutzerprofilen und passgenauen Angeboten für jeden Kunden. Es liegt auf der Hand, dass personalisierte Datensätze viel Geld wert sind.

Juli Zeh warnt vor solchen gläsernen Menschen durch freiwillige Überwachung. Laut der Autorin geht es jedoch nicht mehr um „düstere, diktatorische Top-down-Überwachung, wie George Orwell sie in *1984* schilderte" (Zeh, *Fragen*, 180). Vielmehr seien es inzwischen globale Unternehmen, die Daten sammeln (vgl. ebd.). In *Corpus Delicti* ist es hingegen der Staat, der durch die weitreichende Erfassung von Daten Macht über seine Bürger erwirbt.

Alptraum vom gläsernen Menschen

Fitness- und Selbstoptimierungskult

KURZINFO

Wider die Fitness-Diktatur

- Körperliche Fitness und Sportlichkeit sind zu zentralen Werten unserer Gesellschaft geworden. Der gesunde Körper gilt als Voraussetzung für Anerkennung und beruflichen Erfolg.
- Vorinstallierte Tracking-Apps helfen, die körperliche Leistungsfähigkeit zu vermessen.
- *Corpus Delicti* denkt diesen zeitgenössischen Trend weiter und macht die sportliche Ertüchtigung zum Pflichtprogramm.
- Das Streben nach Selbstoptimierung führt zwangsläufig zu Schuldkomplexen und Versagensängsten, da der postreligiöse Mensch des 21. Jahrhunderts in zunehmendem Maße für sein Leben selbst verantwortlich ist.

Fitness, ein schlanker und durchtrainierter Körper sowie sportliche Betätigung sind zu zentralen Werten des Gesellschaft des 21. Jahrhunderts geworden. Der Historiker Jürgen Martschukat hat dieses Phänomen mit dem Titel seiner Studie *Das Zeitalter der Fitness* (2019) bezeichnet. Der optimierte Körper ist zu einem „Idealbild, einer Ikone erhoben, die sich als ästhetisches Objekt präsentiert, das Gesundheit, Authentizität, Natürlichkeit und Erfolg verkörpert" (Leis/Rieker, 2016, S. 59). Da es dabei auch um gesellschaftliche Teilhabe und Anerkennung geht, ist der Fitnesskult hochpolitisch.

„Zeitalter der Fitness"

Der optimierte Körper als Idealbild

In technischer Hinsicht stellt die Vermessung der körperlichen Leistungsfähigkeit kein Problem mehr dar. Vorinstallierte Tracking-Apps auf dem Smartphone oder Smartwatches zählen Schritte, zeichnen den Herzrhythmus auf und können den Sauerstoffgehalt des Blutes ermitteln. Sie sind sogar in der Lage, unterschiedliche

Tracking-Apps und Smartwatches

Schlafphasen zu erfassen und so ein Schlafprotokoll zu erstellen. Diejenigen, die solche Aufzeichnungstechniken regelmäßig nutzen, tun dies, um ihre Werte nicht nur zu kontrollieren, sondern im Idealfall zu verbessern.

Sportpflicht auf dem Hometrainer zur Leistungssteigerung

Der Roman *Corpus Delicti* denkt diese zeitgenössischen Tendenzen weiter. Die Bürger des Methodenstaates sind zu Sport verpflichtet. Dieser muss freilich messbar auf dem häuslichen Hometrainer absolviert werden, andere Betätigungen im Freien sind nicht vorgesehen. Auch hier geht es eindeutig um Optimierung. Gesundheit wird in Kramers Vorwort nicht als „Durchschnitt, sondern gesteigerte Norm und individuelle Höchstleistung" (7) definiert.

Hintergründe für Selbstoptimierungswahn

Die Autorin sieht den Grund für Fitnesskult und Selbstoptimierungswahn in der „transzedentale[n] Obdachlosigkeit des säkularen Menschen" (Zeh, *Fragen*, 146). Im postreligiösen 21. Jahrhundert sei nicht mehr Gott für unser Leben verantwortlich. Es gebe kein Schicksal mehr, dass man einfach so erleide. Stattdessen seien wir „Manager der eigenen Biographie" (ebd., 155) geworden. Erfolg werde damit planbar, Gesundheit, Schönheit und der eigene Körper gelten als Projekt.

Folgen: Leistungsdruck und Schuldkomplexe

Der Versuch, sich ständig selbst zu optimieren, führt jedoch laut Juli Zeh zu Leistungsdruck und Schuldgefühlen. Der Mensch sei „[v]ollgepackt mit Minderwertigkeitskomplexen, unerfüllten Lebensträumen, Ängsten und Unpässlichkeiten. Bestenfalls mittelmäßig und, wenn wir ehrlich sind, begrenzt optimierbar." (Ebd., 153)

Was macht den Menschen aus?

Bipolare Alternativen

- Körper und Geist werden in *Corpus Delicti* häufig als Gegensätze thematisiert.
- Mias Körper wird der Folter unterzogen, aber ihr Geist kann nicht gebrochen werden.
- Ihr Schicksal verdeutlicht, dass der Geist den Menschen bestimmt.
- Der Roman kritisiert die seit der Aufklärung priorisierte Vernunft, die die Grundlage der METHODE darstellt.
- Kramer vertritt das Prinzip der Ratio.
- Mia wandelt sich von einer Rationalistin zu einer Figur, die auch mit ihrem „Herzen [zu] denken" (183) lernt. Erst dadurch findet sie zu sich selbst.

Weniger vordergründig als die staatliche Biopolitik oder den Problemkomplex um Freiheit und Sicherheit thematisiert Juli Zeh in *Corpus Delicti* die Frage, was eigentlich den Menschen ausmacht. Als Alternativen werden Körper und Geist genannt, die in einem Spannungsverhältnis oder sogar grundsätzlichen Widerspruch stehen.

Für die METHODE ist es eindeutig der Körper, den es gesund zu erhalten gilt. Das Menschenbild des Systems ist geprägt von der Idee – so Kramer – dass wir „durch unsere Körper, nicht im Geiste […] einander gleich [sind]" (180). Dies ist eine Umkehrung des gängigen Verständnisses, nach dem Gleichheit eher im Sinne von Bildungschancen, gesellschaftlicher und politischer Teilhabe definiert wird.

Menschenbild der METHODE*: körperliche Gleichheit*

Als „Freigeist" (73) steht Moritz in grundsätzlichem Widerspruch zur METHODE. Ein Teil seiner Freiheit besteht darin, sich über die Zwänge der Natur zu erheben und „von der sklavischen Ankettung an den Körper" (92) loszukommen. Dies schließt auch den Freitod mit ein.

Moritz als Freigeist

Die Zweiteilung des Menschen in Körper und Geist steht von Anfang bis Ende des Romans im Mittelpunkt. Die Protagonistin nimmt von jeher kritische Distanz zu ihrem Körper ein. Sie sieht sich selbst in der vom Rest abgekoppelten „Kommandozentrale" (79), die den Funktionen des Körpers Befehle erteilt. Doch in der Trauerphase um ihren Bruder vernachlässigt sie ihren Körper und

Mias kritische Distanz zu ihrem Körper

dessen Ertüchtigung. Auf ihrem Hometrainer hat sich ein Rückstand von 600 Kilometern angesammelt, weil sie an nichts anderes als an Moritz denken kann.

Innerer Sieg des Geistes

Der Geist macht den Menschen aus

Gegen Ende wird Mias Körper der Folter unterzogen, doch ihr Wille und ihr Widerstand bleiben ungebrochen. Sie lässt sich nicht vereinnahmen, legt kein Geständnis ab und trägt einen inneren Sieg davon. Trotz aller Niederlagen gilt für sie: „Die Seele bleibt übrig […]. Der Geist." (232) Dieser ist Grundlage sowohl der Freiheit als auch der Individualität.

METHODE stützt sich auf Ideale der Aufklärung: Vernunft und Wissenschaft

Mit der Gegenüberstellung von Ratio und Emotionen wird ein weiteres Gegensatzpaar thematisiert. Die METHODE stützt sich als Grundlage für das Allgemeinwohl auf die Ideale der Epoche der Aufklärung: „Wir gehorchen allein der Vernunft" (36), argumentiert Kramer. Individuelle Gefühle führten nur zur „Willkürherrschaft" (38), weil sie keine universale Gültigkeit beanspruchen könnten. Wie die Philosophen der Aufklärung setzt das System auf die Naturwissenschaften, deren Logik und Erklärungsanspruch.

Kritik am pervertierten Vernunftbegriff

Der Vernunftbegriff scheint jedoch pervertiert, da er im Methodenstaat lediglich politisches Handeln legitimiert. Nach einem berühmten Diktum Kants ist Aufklärung der Ausgang des Menschen aus seiner selbstverschuldeten Unmündigkeit, also die Fähigkeit zum kritischen Denken und zur Hinterfragung bestehender Autoritäten und Traditionen. Für Kramer ist die „Freigeisterei" (182) nur ein altmodisches Überbleibsel aus jener Epoche. Nicht zu übersehen ist aber, dass durch den verengten Vernunftbegriff der METHODE die Grundlage des Systems in Frage gestellt wird.

Mias Wandel von einer Rationalistin zur emotionalen Widerständlerin

Heinrich Kramer verkörpert das Prinzip der Ratio. Auch die Naturwissenschaftlerin Mia sieht sich lange als Rationalistin. Erst spät lässt sie sich von ihren Emotionen leiten und lernt, mit dem „Herzen" zu denken (vgl. 183). „Indem Mia anfängt, ihren Gefühlen zu vertrauen, verlieren Kramers logische Argumentationen jede Macht über sie. Nicht durch die Vernunft, sondern durch ihre Liebe" (Zeh, *Fragen*, 176) zu ihrem Bruder findet Mia zu sich selbst.

Kramer missversteht ihren Perspektivenwechsel und macht sich zunächst darüber lustig. Später scheint er erkannt zu haben, dass es sich um zwei gleichwertige Alternativen im Kampf um die Vorherrschaft handelt:

> „Besitzt es nicht eine gewisse Größe, wie unsere Manifeste gegenüberstehen? Zwei Krieger mit aufgepflanzter Waffe und heruntergelassenem Visier. Verstand gegen Gefühl. Meine präzise Logik gegen Ihre aufgewühlten Emotionen. Man könnte fast sagen: Das männliche gegen das weibliche Prinzip." (203)

Verstand gegen Gefühl

Ob die klischeehafte Zuordnung zu den zwei Geschlechtern ernst gemeint ist, sei an dieser Stelle dahingestellt. Mia jedenfalls findet es eine „primitive Allegorie" (ebd.).

Erzählperspektive und Sprache

Auktorialer Erzähler

KURZINFO

Postmodernes Spiel mit den erzählerischen Möglichkeiten

- Der Erzähler wechselt vom Präsens zum Präteritum, um die Rückblenden in die Vergangenheit zu erzählen, und ist daher maßgeblich an der Gliederung des Handlungsverlaufs beteiligt.
- Die Kapitel sind nicht durch Überleitungen verbunden, sondern wirken episodenhaft.
- Die Ereignisse werden häufig durch Eingriffe des Erzählers zeitlich gerafft bzw. gedehnt und kommentiert.
- Außerdem liefert der Erzähler zusätzliche Informationen, die nur an die Leser adressiert, für die Figuren aber nicht handlungsrelevant sind.
- In den Situationen, in denen der Erzähler das Personalpronomen „Wir" verwendet, appelliert er an die Vorstellungskraft des Lesers.
- Typisch für die Postmoderne ist, dass der Erzähler sich selbst als unzuverlässig darstellt.

Betonung der Fiktionalität in der Postmoderne	Postmoderne Erzählweise zeichnet sich dadurch aus, dass klassische Erzählperspektiven aufgelöst und in Frage gestellt werden. In der Regel wird dies offen thematisiert, um die Fiktionalität eines Textes zu betonen. Daraus ergeben sich neue spielerische Möglichkeiten der Erzählung, wie am Beispiel von *Corpus Delicti* deutlich wird. Der Roman verwendet eine auktoriale Erzählperspektive, die sich jedoch auf Mia und ihre Wahrnehmungen im Wesentlichen konzentriert. Das Innere der anderen Figuren – auch von Moritz – entzieht sich dem Zugriff.
Möglichkeiten des allwissenden Erzählers	Die Möglichkeiten der allwissenden Erzählstimme zeigen sich besonders im dritten Kapitel „Mitten am Tag, in der Mitte des Jahrhunderts". In einer Art filmischen Zooms aus der Vogelperspektive wird in die *Corpus-Delicti*-Welt eingeführt. Vergangenheit und Gegenwart werden einander gegenübergestellt, bevor ohne Überleitung ein Schwenk ins eigentliche Geschehen erfolgt. Der Erzähler besitzt an dieser Stelle die wichtige Funktion, die Handlung zeitlich zu verorten.
Blick in die Zukunft	Die auktoriale Erzählhaltung zeigt sich auch in der Möglichkeit, Folgen von Ereignissen zu beschreiben, die in

der Zukunft der erzählten Zeit liegen. So wertet der Erzähler Sophies Zulassung von Beweismaterial als ihr „berufliches Todesurteil" (162) und weiß bereits, dass sich Mia und die Richterin nie wiedersehen werden.

Der spielerische Umgang mit Vergangenheit, Gegenwart und Zukunft wird darüber hinaus an der Verschränkung der Prozesse gegen Mia mit den Rückblenden deutlich. Während die Haupthandlung im Präsens dargestellt wird, schlägt der Erzähler in Kap. 15 vor: „Wählen wir für ein paar Minuten die Vergangenheitsform. Anders als Mia, bereitet es uns keine Schmerzen, im Präteritum an ihren Bruder zu denken." (60) Dieser Wechsel wird zum durchgängigen Gestaltungsprinzip.

Wechsel von Präsens und Präteritum

Die Rückblenden scheinen durch bestimmte Reizworte oder Gedanken bei Mia ausgelöst zu werden. So erzählt das neunte Kapitel, wie die ideale Geliebte zu Mia kommt, nachdem diese zu Ende des vorhergehenden Kapitels (vgl. 43) gesagt hatte, dass Moritz sie ihr geschenkt habe (vgl. ebd.). Insgesamt gibt es zwischen den kurzen Kapiteln keine Überleitungen, sie wirken wie einzelne Episoden oder Szenen. Auch hier ist die Entstehungsgeschichte als Drama zu bedenken:

Lockere Verbindung der einzelnen Episoden

> „Der Vorhang öffnet sich zu Beginn des Kapitels und schließt sich an dessen Ende. Dazwischen findet ein narratologischer Umbau des Bühnenbildes statt, der Ort und Zeit willkürlich arrangiert […]." (Mogendorf, 2017, S. 220)

Über weite Strecken des Textes werden die Ereignisse durch erzählerische Eingriffe gedehnt bzw. gerafft. So ist etwa in einer Pause des Schweigens noch „Zeit, ein Referat über Wächterhäuser zu halten" (22). An anderer Stelle kommentiert der Erzähler:

Raffung oder Dehnung durch erzählerische Eingriffe

> „Es gibt Momente, in denen die Zeit stehen bleibt. Zwei Menschen sehen sich einander in die Augen: Materie, die sich selbst anglotzt. […] Zur Vermeidung von Missverständnissen sei darauf hingewiesen, dass hier nicht von Liebe auf den ersten Blick die Rede ist. Eher würden wir das, was gerade zwischen Mia und Kramer geschieht, das stumme Getöse am Anfang einer Geschichte nennen." (29)

Thematisierung der Auswahlmöglichkeiten

Auch die Auswahlmöglichkeiten der Erzählstimme kommen immer wieder zum Tragen. So besteht etwa die Möglichkeit, Informationen zu geben, die für die handelnden Figuren irrelevant sind. Der Erzähler gibt beispielsweise bei der Gerichtsverhandlung eine konkrete Tageszeit an, „wobei die Frage nach der Uhrzeit momentan keinen der Anwesenden interessiert" (105). Selbst Alternativen können trotz ihrer Irrealität mitgedacht werden. „Würde Mia ihn [Kramer] besser kennen, könnte sie daran ablesen, dass er einen Moment lang ehrlich vor ihr erschrocken war" (230), kommentiert der Erzähler nach Mias Nadelattacke.

Appell an den Leser

Auffällig sind die Situationen, in denen der Erzähler das Personalpronomen „Wir" verwendet. In der Regel ist damit ein Appell an die Vorstellungskraft des Lesers verbunden. Ein markantes Beispiel dafür findet sich in Kap. 13:

> „Wenn wir es an Mias Stelle versuchen wollten, müssten wir uns ausmalen, wie sie bei Nacht die Decke vom Körper strampelt und aufsteht. [...] Wir hören ihren Schrei nicht, sehen nur den geöffneten Mund [...]. Wenn wir uns nun noch vorstellen, dass Mia sich in dieser und in allen anderen Nächten eben *nicht* von der Decke frei strampelt, *nicht* aufsteht und ans Fenster tritt, kein Glas zerschlägt, sondern einfach liegen bleibt, schlaflos in der Haltung einer Schlafenden – dann wissen wir in etwa, was sie durchmacht." (55 f.)

Rückzug des Erzählers

Im Gegensatz zu den kommentierenden Passagen gibt es auch Textteile, in denen der Erzähler vollkommen verschwindet. Hierbei handelt es sich um die Druckerzeugnisse Kramers (*Gesundheit als Prinzip staatlicher Legimation,* „Bedrohung verlangt Wachtsamkeit"), das Urteil und Mias Pamphlet „Wie die Frage lautet".

Unzuverlässigkeit

Nicht zuletzt gehört es zu den typischen Merkmalen postmoderner Erzähler, dass sie ihre eigene Unwissenheit offen thematisieren. Deutlich wird dies unter anderem an folgendem Beispiel: „Mia tritt in die Pedale und denkt an – was? Gehen wir der Einfachheit halber davon aus, dass sie an Moritz denkt." (79) Die Deutungshoheit über die Geschehnisse wird jedoch grundsätzlich nicht in Frage gestellt. Dies belegt auch der letzte Satz des Romans: „Denn erst jetzt ist sie – erst jetzt ist das Spiel – erst jetzt ist wirklich alles zu Ende." (264)

Alltagssprache und Fachjargon

KURZINFO

Bandbreite der Figurensprache
- Viele Rezensenten sehen die Sprache in *Corpus Delicti* einer Ideenpräsentation untergeordnet.
- Die den Roman dominierenden Dialoge sind in einer Alltagssprache verfasst.
- Juristische und medizinische Fachtermini spiegeln die Bedeutung des Themas Gesundheit sowie der gerichtlichen Auseinandersetzungen sprachlich wider.
- Den einzelnen Figuren sind unterschiedliche sprachliche Muster zugeordnet. Kramer spricht stets rhetorisch ausgefeilt, während Moritz mal flapsig, mal pathetisch wirkt. Mia verfügt über die größte sprachliche Variabilität.

Während der Roman inhaltlich vielfach gelobt wird, ist die sprachliche Gestaltung umstritten. Für Moritz Rainer hält sich der „stilistische Aufwand […] in Grenzen", zu offensichtlich rage der moralische Zeigefinger in die Höhe. Die Autorin habe „keine überzeugenden Mittel gefunden, ihre bemerkenswerte Botschaften formal adäquat zu gestalten" (Rainer 2009). Mit diesem Urteil steht er nicht allein. Viele Rezensenten und Literaturwissenschaftler sehen *Corpus Delicti* in der Tradition der „novel of ideas", bei der der Schwerpunkt nicht auf der individuellen Figurengestaltung, sondern auf der Ideenpräsentation liegt.

Umstrittene sprachliche Gestaltung

Dies liegt auch an der Dominanz der Dialoge, die mehrheitlich in einer Alltagssprache abgefasst sind. Hinsichtlich der Syntax finden sich daher häufig einfach gebaute, kurze und unvollständige Sätze, die für den mündlichen Sprachgebrauch typisch sind. Mündlichkeit wird auch durch die umgangssprachlichen Ausdrücke und Wendungen wie „Red keinen Scheiß" (28) oder „Wollen Sie mich eigentlich verarschen?" (66) suggeriert.

Alltagssprache der Dialoge

Auf der anderen Seite gibt es etliche hochsprachliche Begriffe aus dem juristisch-medizinischen Bereich, die nicht selten Wortschöpfungen darstellen. So ist beispielsweise von einer „Gesundheitsprozessordnung" (52) die Rede, nach der Mia verurteilt wird. Laut „Paragraph 44 Hygieneordnung" (118) ist ein Wangenkuss verboten. In typischer Juristen-Sprache ist auch das Schild am Rande des Sperrgebiets verfasst:

Juristisch-medizinische Neologismen

„Hier endet der nach Paragraph 17 Desinfektionsordnung kontrollierte Bereich. Verlassen des Hygienegebietes wird nach Paragraph 18 Desinfektionsordnung als Ordnungswidrigkeit zweiten Grades bestraft." (90)

Zusammen mit tatsächlich existenten Fachtermini wie „Güteverhandlung" oder „Härtefallantrag" spiegelt die sprachliche Gestaltung die Bedeutung der rechtlichen Vorgänge wider. Ähnliches gilt für den häufigen Einsatz des medizinischen Fachjargons (z. B. „allergische Sensibilität", 14, „monoklonale Antikörper", 164 f.), was auf den zentralen Bereich der Gesundheit verweist.

Darüber hinaus ist nach der Analyse von Ehm (2018, 76 f.) zu erkennen, dass den einzelnen Figuren unterschiedliche sprachliche Muster zugeordnet sind. Kramer besticht durch seine Eloquenz und rhetorische Finesse. Er ist ein gefährlicher Demagoge (vgl. 181), in seiner Sprache höchst manipulativ. Um etwa Mia zu einem Geständnis zu überreden, überhöht er die Bedeutung des Justizirrtums gegenüber ihrem Bruder Moritz, indem er ihn in eine Reihe epochaler historischer Ereignisse einordnet, die einen Umsturz zur Folge hatten: „Prager Fenstersturz, Sturm auf die Bastille, Thronfolgermord in Sarajewo. Die Verurteilung von Moritz Holl. Ich appelliere an Ihre Vernunft." (233)

Die Ausdrucksweise des Philosophie-Studenten ist dagegen eher flapsig, z. B. wenn er die Zentrale Partnerschaftsvermittlung als „größte Puffmutter der Welt" (61) bezeichnet. Auf der anderen Seite wirkt er stellenweise sehr pathetisch, wenn er etwa seinen Fluchtort zur „Kathedrale" erhebt. Passend dazu trägt er dort das Gedicht eines vermutlich fiktiven Lyrikers vor (vgl. 62).

Mia verfügt über die größte sprachliche Bandbreite. Anfangs ist ihr Duktus von vielen Fragen geprägt, die ihre Zweifel am System ausdrücken. Ihr politisches Bekenntnis ist dagegen durch die vielfache Wiederholung des Satzes „Ich entziehe … das Vertrauen" (186) geprägt. Eindringlich ist später auch die Kanonade von Aufforderungen im Gerichtsprozess (vgl. 259). Darüber hinaus ist ihre Ausdrucksweise sowohl von umgangssprachlichen

Wendungen als auch rhetorisch überspitzten Formulierungen und Bildern geprägt.

Bilder und Leitmotive

KURZINFO

Körper, Freiheit und Hexe

- Auffällig sind die mitunter „sperrige[n]" (Ehm, 2018, S.79) Bilder, die insbesondere Mia zur Schilderung ihrer inneren Befindlichkeit verwendet.
- Mit dem Titel *Corpus Delicti* setzt die leitmotivische Verwendung des Körpers ein.
- Vielfach wird der Methodenstaat mit einem menschlichen Organismus verglichen.
- Freiheit ist häufig mit Krankheit und Natürlichkeit assoziiert.
- Die Hexe eröffnet den Bildbereich des Mittelalters, der Folter und der Zaunreiterin.

Die in *Corpus Delicti* verwendeten Bilder und Vergleiche mögen manchmal „sperrig" sein, doch sind sie meist wichtige sprachliche Markierungen innerer Zustände. So fühlt sich Mia beim Abscannen ihres Chips während der amtsärztlichen Untersuchung „wie eine Bohnendose auf dem Kassenband" (49), also zum Objekt degradiert. Die Prozesswende erlebt sie „wie ein Passagier, der tagelang auf dem Bahnsteig gestanden und wartend in die Ferne geblickt hat, und dann kommt der Zug – aus der anderen Richtung" (171).

Bilder und Vergleiche

Angesichts der zentralen Bedeutung des Körpers im Methodenstaat überrascht es nicht, dass sich dies auch sprachlich im Text niederschlägt. Schon der Titel *Corpus Delicti* verweist auf dieses Leitmotiv. Über die juristische Bedeutung des Begriffs (vgl. S. 51 f. der vorliegenden Lektürehilfe) hinaus wählte die Autorin bewusst einen Titel, in dem das Wort Körper (lat. *corpus*) zu finden ist (vgl. Zeh, *Fragen*, 22).

Titel des Romans leitet Motivkette ein

Der Methodenstaat wird mehrfach mit einem menschlichen Organismus verglichen:

> „Unsere Gesetze funktionieren in filigraner Feinabstimmung, vergleichbar dem Nervensystem eines Organismus. Unser System ist perfekt, auf wundersame Weise lebensfähig und stark wie ein Körper". (36)

Staat als menschlicher Organismus

Kramer versteht die METHODE als „Immunsystem des Landes" (201), das infektiöse Gedanken bekämpfe. Niemand könne sich den „Selbstheilungskräften eines starken Körpers" (ebd.) entziehen, womit er Mia offen den Kampf ansagt.

Freiheit und Natürlichkeit

Einen Gegenpol zum kontrollierten Körper bietet der Freiheitsbegriff. Beide Wortfelder kommen ungefähr gleich oft vor. Freiheit ist dabei häufig mit Natur oder Natürlichkeit assoziiert, was auch Menschsein und Krankheit mit einschließt. Während Kramers Logik „geruchlos und klar" (202) erscheint, brüstet sich Moritz damit, „nach Mensch" (60) zu riechen. Für ihn gibt es Freiheit nur in der „unhygienischen" Natur des Sperrgebietes.

Assoziation mit Krankheit und Widerstand

Auch an anderen Stellen zeigt sich der Zusammenhang zwischen Freiheit, Krankheit und Widerstand deutlich. Um ihre Aussätzigkeit in übertragenem Sinne zu betonen, äußert Mia gegenüber ihrem Verteidiger, sie habe die Pest, Lepra und Cholera. „Ich bin krank. Ich bin frei. Krank. Frei." (175) Am Ende wird sie zur „Freiheitsstatue" (198). Nicht zuletzt trägt die einzige Widerstandsgruppe den Namen R.A.K. – Recht auf Krankheit, eventuell eine Anspielung auf die linksterroristische RAF (Rote-Armee-Fraktion), die in den 1970er-Jahren die Bundesrepublik Deutschland herausforderte.

Motiv der Hexe

Schließlich ist das Motiv der Hexe hervorzuheben. Mit ihm wird das Mittelalter samt seinen Begleitumständen (Verfolgung, Inquisition und Folter) evoziert. Schon die Namen der beiden Antagonisten – Mia und Kramer – sind der historischen Hexenverfolgung zuzuordnen. Mia stößt

Symbolik der „Zaunreiterin"

sogar einen „Hexenfluch" (232) aus. Darüber hinaus steht die Hexe als „Zaunreiterin" (141) symbolhaft für Mias Existenz zwischen allen Stühlen. Sie muss sich entscheiden zwischen der Loyalität zu ihrem Bruder oder ihrem Glauben an das staatliche System.

Satirische Wendungen

KURZINFO

Neue Bedeutungskontexte und sprachliche Verfremdungen
* Bekannte Rewendungen sind der Gesundheitsdiktatur angepasst.
* Die parodistischen Anspielungen schaffen Distanz.

Neben den inhaltlichen Anspielungen auf viele Erscheinungen der Gegenwart enthält *Corpus Delicti* auch Anklänge an zeitgenössische sprachliche Muster. Durch den Einsatz solcher Wendungen im neuen Kontext der Gesundheitsdiktatur entsteht häufig ein komischer Effekt, wie etwa in Kap. 4 „Pfeffer". Dort werden die Doktorspiele kleiner Kinder dazu genutzt, eine (im Methodenstaat nicht mehr existente) Erkältung nachzuempfinden (vgl. 20). Lizzie berichtet ihren Nachbarinnen, dass sie „fast krank vor Angst" (21) ins Kinderzimmer gelaufen sei, als sie ihre Tochter habe niesen hören. Und dass der GESUNDE MENSCHENVERSTAND nun als Name einer Zeitung dient, gehört ebenfalls zu dieser Kontextverschiebung.

Neue Bedeutungskontexte

Kramer grüßt die Wächterinnen mit der üblichen Formel „Santé" (21), eine kaum verdeckte Verballhornung des französischen Trinkspruchs *à votre santé*. Als die Nachbarinnen den Journalisten erkennen, sagt eine von ihnen: „Hol mich der Virus!" (23) In der zukünftigen Gesundheitswelt ist ein Virus offensichtlich mit dem sprichwörtlichen Teufel gleichgesetzt.

Verfremdete Redewendungen

Solche Verfremdungen zeigen, wie stark sich das Denken des Methodenstaats auch in der Sprache niedergeschlagen hat. Wie alle satirischen Elemente schaffen sie aber beim Leser eher Distanz zum Text.

Distanz des Lesers

③ Schnellcheck

Übersicht 1: Aufbau des Methodenstaates

Übersicht 2: Dramatische Strukturen in *Corpus Delicti*

Übersicht 3: Themen

Übersicht 4: Mias Entwicklung

Übersicht 5: Sprachliche Gestaltung

Übersicht 1: Aufbau des Methodenstaates

Präsident des Methodenrates
(Macht über Leben und Tod)

Methodenrat
(Regierung)

Diktatur ohne Gewaltenteilung

Methodenschutz	**Justiz**	**Presse**
• terroristische Geheimpolizei	• Disziplinierungsinstrument der Methode	• Propagandainstrument der Methode
• setzt Moritz auf eine schwarze Liste	• absoluter Vorrang des öffentlichen Interesses	• Kramer als Sprachrohr und Handlanger des Systems
• stellt ihm eine Falle, um ihn zu inhaftieren	• Richter als Marionetten des Systems („schwarze Puppen")	• Medien weitgehend ohne Korrektiv und kritische Diskussion
• manipuliert Beweise (Botulinum-Funde) und Zeugen (Würmer)	• ideologischer Schauprozess gegen Mia	• Vorverurteilung/ Stilisierung Mias zur Terroristin
• formuliert Urteil im Prozess gegen Mia		

Wächterhäuser:
Musterbeispiele von organisierter gegenseitiger Kontrolle
als Vorposten des Staates

Übersicht 2: Dramatische Strukturen in *Corpus Delicti*

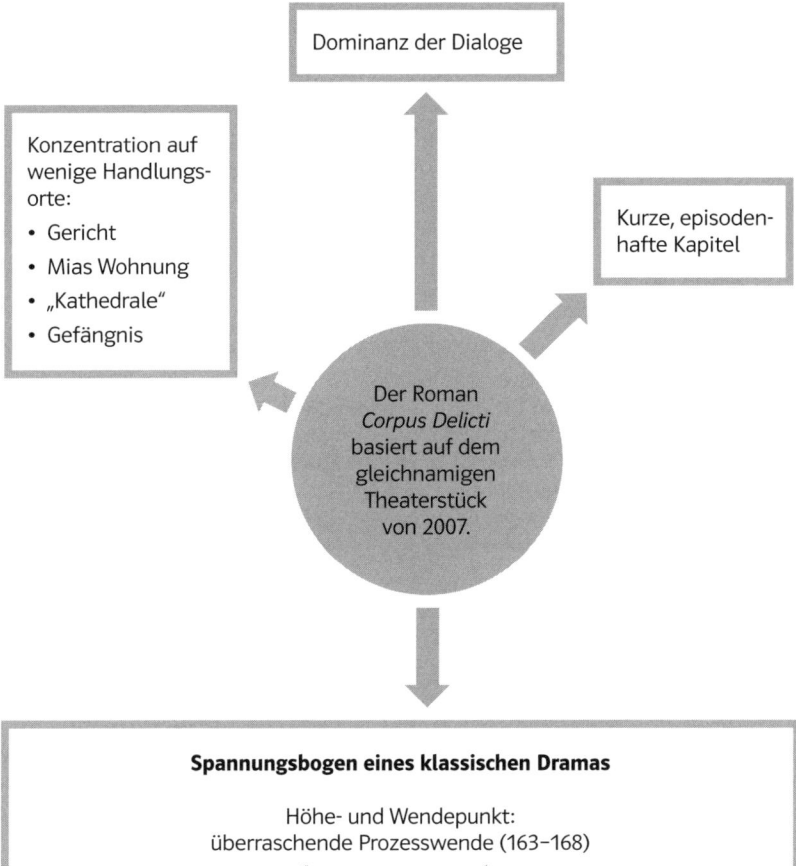

Dominanz der Dialoge

Konzentration auf wenige Handlungsorte:
- Gericht
- Mias Wohnung
- „Kathedrale"
- Gefängnis

Kurze, episodenhafte Kapitel

Der Roman *Corpus Delicti* basiert auf dem gleichnamigen Theaterstück von 2007.

Spannungsbogen eines klassischen Dramas

Höhe- und Wendepunkt:
überraschende Prozesswende (163–168)

Mias Konflikt (Exposition)

Verurteilung (Katastrophe) und Begnadigung

Übersicht 3: Themen

Überwachung vs. Freiheit

**Kontrolle sämtlicher Lebens-
bereiche durch die METHODE:**
- ständiger Zugriff auf alle
  messbaren biologischen und
  gesundheitsrelevanten Daten
  durch implantierten Chip
  (Blutwerte, Kalorienverbrauch,
  Stoffwechsel)
- Meldepflicht (Urintest, Schlaf-
  und Ernährungsbericht)
- Sensoren in den Toiletten
- Bewegungsprofile über Sensoren
  am Straßenrand
- Sexualität und Partnerwahl
- sportliche Leistungskurven
- Verbot aller Genussmittel wie
  Nikotin und Alkohol

Institutionen:
- Methodenschutz beobachtet
  Freigeister und stellt Fallen.
- Wächterhäuser garantieren
  gegenseitige Sozialkontrolle
  („Denunziantenkommunen").

Freiheit des Geistes:
- Mias innerer Widerstand kann
  auch durch Folter nicht gebrochen werden,
- sie wird zur Identifikationsfigur
  der Oppositionellen, zur
  „Freiheitsstatue" (198).
- Moritz verachtet die Prinzipien
  des politischen Systems.

Freiheitliches Leben und Handeln:
- Verlassen des Hygienegebietes
- ausgelebte Sexualität
- Rauchen
- natürliche Nahrung (selbst
  gefangener Fisch statt Protein-
  konserven)
- Erfahrung der Grenzen des
  Körpers (Rausch)
- Freitod als Option

„Kathedrale" als Freiheitsraum:
- Rückzugsort in der Natur
- Raum für kontroverse Diskus-
  sionen

staatlicher Biopolitik
- Die ausschließliche Anknüpfung der Politik an den Körper trägt totalitäre Züge.
- Biopolitik ist stets mit Normierung und Abwertungen verbunden.

staatlicher Überwachung im Interesse der Sicherheit
- Sicherheit als „Superwert" nach verheerenden Terroranschlägen
- Diskussion um Einschränkung der Freiheitsrechte

Kritik an

freiwilliger Aufgabe der Privatsphäre
- Erschreckende Selbstentblößung in den sozialen Medien
- Fitnesstracking-Apps und Smartwatches

Fitness- und Selbstoptimierungskult
- Begrenzung der Möglichkeiten zur Selbstoptimierung
- Erzeugung von Leistungsdruck und Schuldgefühlen

Menschenbild

Was macht den Menschen aus?
- Nicht der Körper, sondern der Geist
- Verstand **und** Gefühl

Moderne Hexenjagd

Überzeitliche Möglichkeit des Staates, einen Ausnahmezustand für bestimmte Gruppen zu definieren
- Hexen als Feinde der mittelalterlichen Gesellschaft
- Terroristen in der Gegenwart

Übersicht 4: Mias Entwicklung

Anhängerin der Methode:
- erfolgreiche Biologin mit Idealbiographie
- Rationalistin

Vernachlässigung der Meldepflichten aufgrund der Trauer um Moritz

Zunehmender Konflikt mit dem System

Mia als „Zaunreiterin" zwischen Verstand und Gefühl

Nach der überraschenden Prozesswende durch den Beweis von Moritz' Unschuld
- Mia lernt mit dem Herzen zu denken,
- findet zu sich selbst,
- zeigt ungebrochenen Widerstand trotz Folter,
- erringt einen inneren Sieg und identiziert sich mit ihrer Rolle,
- wird medial zur Terroristin (Anführerin der *Schnecken*) stilisiert und als **Methodengegnerin** verurteilt.

Übersicht 5: Sprachliche Gestaltung

Typische Sprachmuster des auktorialen Erzählers:
- „Wir"-Formulierung als Appell an den Leser
- Thematisierung des eigenen Unwissens
- Spiel mit Gegenwart und Vergangenheit (unterschiedliche Zeitebenen)

Typische Sprachmuster der Romanfiguren:
- rhetorische Finesse des Demagogen Kramer
- Gegensatz zwischen flapsigen und pathetischen Äußerungen (Moritz)
- Mias Variabilität im Satzbau sowie ihr umfangreiches Vokabular zwischen Umgangssprache und bildhaften Ausdrucksweisen

Parodie bekannter Redewendungen, satirische Wendungen, ironische Kommentare

Figurenrede, Stilmittel, Wortfelder

Dominanz alltagssprachlicher Dialoge mit häufig kurzen, teils unvollständigen Sätzen

Leitmotive: Körper und Geist, Freiheit, Krankheit, Widerstand, Hexenverfolgung

Juristisch-medizinische Fachtermini, oft mit Anklängen an bestehendes Vokabular

Bilder und Vergleiche zur Verdeutlichung innerer Zustände

111

4 Prüfungsaufgaben und Lösungen

1. *Corpus Delicti* als Zukunftsroman

2. Die Macht der Medien

3. Das Ende des Romans

4. Mia und Moritz Holl

5. Die Justiz im Methodenstaat

1. *Corpus Delicti* als Zukunftsroman

Aufgabenstellung

Erörtern Sie, inwieweit *Corpus Delicti* ein Zukunftsroman ist.

Lösungsvorschlag

Datierung der Handlung

- Die Handlung spielt „in der Mitte des einundzwanzigsten Jahrhunderts" (12) in einem Staat mit hochentwickelter Überwachungstechnik.
- Rückgriffe auf die Vergangenheit des 20. Jahrhunderts sind häufig, um die Vorgeschichte der METHODE zu erläutern. Diese Vergangenheit wird als desolat dargestellt: Es herrschten „Chaos, Krankheit. Verunsicherung" (89). Als konkrete Folgen eines weitverbreiteten Werteverfalls und der damit verbundenen Orientierungslosigkeit werden Geburtenrückgang, Stress, Amokläufe und Terrorismus genannt, gepaart mit der Überbetonung eines Individualismus.

Widersprüche

- Juli Zeh sagt in ihren *Fragen zu „Corpus Delicti"* aus (vgl. 43), dass die im Roman geschilderte Welt kein Zukunftsbild sei, sondern die „Überspitzung von Denkweisen und Handlungsformen, die in unserer heutigen Welt bereits existieren" (ebd.).
- *Corpus Delicti* ist in zentralen Teilen der Gattung der Dystopie zuzuordnen. Der Roman steht in der Tradition von Huxleys *Brave New World* und Orwells *1984*, die beide ihrer zeitgenössischen Gesellschaft einen Spiegel vorhielten. Daher ist Zehs Roman traditionsgemäß mit dem Appell an den Leser verbunden, es nicht so weit wie in der fiktiven Welt kommen zu lassen.

Warnung vor staatlicher Biopolitik

- Mit dem Entwurf einer „Gesundheitsdiktatur" warnt die Autorin vor jeglicher Politik, die sich auf den menschlichen Körper konzentriert. Biopolitik enthalte grundsätzlich totalitäre Züge und führe unweigerlich in ein entsprechendes System (vgl. Zeh, *Fragen*, 98).
- Als Beleg sieht sie das „Social Credit System" in China, das sich in einer Testphase befindet (vgl. ebd., 181). Dauerüberwachung und Datenbewertung, ob jemand ein guter Staatsbürger ist, könnten zum Herrschaftsinstrument werden.
- Auch in europäischen Ländern gibt es einen starken Trend zum Präventionsgedanken. Dadurch könnte möglicherweise Einfluss auf das Verhalten des Einzelnen genommen werden, um die Gesellschaft leistungsfähiger und das Gesundheitssystem weniger kostenintensiv zu machen.

- Durch die Corona-Pandemie hat das Thema neue Brisanz erhalten, wie sich an der Kontroverse um eine vorübergehende Einschränkung von Grundrechten zeigt.

Bedrohung der Bürgerrechte
- Nach den Anschlägen vom 11. September 2001 wurde Sicherheit zu einem Super-Wert, der alles andere zu verdrängen droht.
- Die USA setzten im Irak Folter ein, um Geständnisse zu erlangen. In Guantánamo werden Gefangene ohne Prozess festgehalten.
- Der *Patriot Act* (US-amerikanisches Bundesgesetz von 2001) gibt den Geheimdiensten der USA umfangreiche Befugnisse, Internet und Telekommunikation zu überwachen.
- Nach Ansicht von Juli Zeh (vgl. *Fragen*, 158) seien in Deutschland Stimmen laut geworden, die ein „Feindstrafrecht" für Terroristen fordern, „für die dann andere Regeln gelten sollen als für ‚normale' Bürger" (ebd.).
- In Deutschland werden aufgrund der Vorratsdatenspeicherung Millionen von Kommunikationsdaten gespeichert, die im Eventualfall den Strafbehörden Zugriff auf einzelne Kriminelle ermöglichen würden.

Erschreckende Selbstentblößung in den sozialen Medien
- Insbesondere unter jungen Leuten gibt es eine weitverbreitete Tendenz, ihre Privatsphäre freiwillig aufzugeben. Meist steckt dahinter der Drang, sich zeigen zu müssen. Das Posten von Erlebnissen, von Selfies bis hin zu Nacktbildern ist zu einer Art Volkssport geworden.

Fitnesskultur
- Der Historiker Jürgen Martschukat bezeichnet in seiner gleichnamigen Studie (Frankfurt a. M.: S. Fischer, 2019) die Gegenwart als „Zeitalter der Fitness".
- Der gesunde, durchtrainierte Körper ist zur Ikone geworden, der Leistungsfähigkeit und Erfolg verspricht.

Fazit
Die Handlung von *Corpus Delicti* spielt zwar in der Zukunft, dennoch bezieht sich der Roman auf die Gegenwart. Der Text greift zeitgenössische Tendenzen auf und spitzt sie zu.

2. Die Macht der Medien

Aufgabenstellung

2.1 Arbeiten Sie die Rolle der Medien in *Corpus Delicti* heraus.

2.2 Erörtern Sie, inwieweit die Macht der Medien in der Gegenwart feststellbar ist.

Lösungsvorschlag

Zu 2.1

Propaganda für das System

- Die Presse dient als Sprachrohr der Regierung. Kramers Verlautbarungen im Fernsehen (vgl. 199 ff.) gleichen einer Regierungserklärung.
- Die Medien sind gleichgeschaltet. Kontroverse Stimmen gibt es kaum. Wenn sich Journalisten wie Würmer (vgl. 179, 196) kritisch äußern, werden sie kaltgestellt.
- Schon die Namen der genannten Formate (WAS ALLE DENKEN, DER GESUNDE MENSCHENVERSTAND) sind verdächtig. Sie suggerieren, dass es keinen Widerspruch geben kann.
- In der Talkshow WAS ALLE DENKEN ist Kramer der einzige Gast. Ein Gegenpart fehlt bezeichnenderweise.

Kramers Allmacht

- Der Journalist scheint der Chefideologe des Systems zu sein. Sein Buch *Gesundheit als Prinzip staatlicher Legitimation* liest sich wie eine Präambel zur Verfassung des Methodenstaates.
- Kramer hat „überall Zutritt" (15). Er verfügt über Kontakte bis zum Präsidenten des Methodenrates (vgl. 263). Vermutlich auf sein Einwirken wird Mia am Ende begnadigt.
- Mehrfach versucht er, Entscheidungen des Gerichts zu beeinflussen. Im Strafprozess gegen Mia tritt er als Zeuge und Ankläger auf. Wer sich wie Richterin Sophie seinen Anweisungen widersetzt (vgl. 166), muss mit ernsthaften Konsequenzen rechnen.
- Kramers Artikel prägen die mediale Berichterstattung.
- Er missbraucht Mias Pamphlet für seine Zwecke und macht daraus eine „rhetorische Massenvernichtungswaffe" (188).
- Er lässt Beweise (Botulinum-Funde) und Zeugen manipulieren.
- Er hat Zugang zu Mias Zelle, während ihr Verteidiger nur im Besucherraum – durch eine Plexiglasscheibe getrennt – mit ihr sprechen kann.
- Der Journalist verweigert Mia eine Gegendarstellung auf die fälschlich erhobenen Vorwürfe (vgl. 229).

Die „verlorene Ehre" der Mia Holl

- Die Medien hatten bereits eine zentrale Rolle in der Vorverurteilung von Moritz Holl.
- Kramer gelingt es, Mia als gefährliche Terroristin in der Öffentlichkeit darzustellen.
- Die Biologin ist gegen die öffentliche Inszenierung chancenlos.
- Darin erinnert sie an die Protagonistin in Heinrich Bölls Erzählung *Die verlorene Ehre der Katharina Blum*. Auch Mia kann sich gegen die Intrigen und Machenschaften der Presse nicht wehren.

Zu 2.2

Funktion der „vierten Gewalt"

- Die Presse wird vielfach als vierte Gewalt bezeichnet, da sie die Exekutive, Legislative und Judikative kontrollieren soll. Ihre ureigene Aufgabe ist die kritische Berichterstattung, gegebenenfalls auch die Aufdeckung von Skandalen.
- In totalitären Staaten ist die Pressefreiheit jedoch stark eingeschränkt.
- Auch in den westlichen Demokratien gibt es immer wieder enge Verflechtungen zwischen Politik und Medien.

Medienhetze

- Vorverurteilung und Stimmungsmache sind bekannte Methoden des Boulevardjournalismus.
- Soziale Medien, in denen sich jeder anonym äußern kann, zeigen erschreckende Formen der Hetze gegen Personen bis hin zu Todesdrohungen.
- Gegendarstellungen, zu denen die Medien verpflichtet sind, werden jedoch häufig nicht zur Kenntnis genommen.

3. Das Ende des Romans

Aufgabenstellung

3.1. Fassen Sie die zentralen Inhalte des letzten Kapitels zusammen. Achten Sie dabei auch auf die sprachliche Gestaltung.

3.2. Nehmen Sie Stellung, ob es sich um ein positives oder negatives Ende handelt.

Lösungsvorschlag

Zu 3.1

Inhalt und Sprache

- Mia wird für das Einfrieren vorbereitet. Es ist vielleicht „der friedlichste Moment seit Wochen" (260). Sie liegt bequem in einem Neopren-Anzug da und denkt ohne Furcht an die bevorstehende Vollstreckung des Urteils.
- Als Richter Hutschneider sie nach ihrem letzten Wunsch fragt, bittet Mia um eine Zigarette, einem Symbol der Freiheit.
- Hutschneider kann nicht akzeptieren, dass Kramer ihr das verbotene Genussmittel anbietet. Er formuliert im Protokoll, dass sie auf ihren letzten Wunsch verzichtet habe.
- Entgegen seiner sonstigen rhetorischen Finesse nennt Kramer den Prinzipienreiter Hutschneider einen „Schlappschwanz" (261). Abermals zeigt sich, dass für ihn die METHODE nicht besser ist als jedes andere System.
- Für Mia riecht die Zigarette „nach Moritz" (262). Geruch ist in der sterilen *Corpus-Delicti*-Welt ein Zeichen von Menschlichkeit.
- Der Erzähler kommentiert: „Es wäre ein guter Augenblick für das Ende. Ein guter letzter Satz" (ebd.). Der Konjunktiv verweist auf die Unmöglichkeit dieses Unterfangens.
- Die Prozedur des Einfrierens wird jäh unterbrochen, als Staatanwalt Bell mit einem versiegelten Dokument hereinplatzt.
- Während Hutschneider die Nervosität anzumerken ist, lehnt Kramer ruhig lächelnd an der Wand. Seine Körpersprache verrät, dass er weiß, was das Dokument enthält.
- Es ist Mias Begnadigung, die der Präsident des Methodenrates auf „Wunsch von höchster Stelle" (263), vermutlich auf Betreiben Kramers oder von ihm selbst formuliert, ausgesprochen hat.
- Mit einem Hauch von Ironie sagt Kramer zu seiner Erzfeindin Mia: „Wie schön […]. Sie sind gerettet." (Ebd.)
- Seine wahren Gefühle zeigen sich in dem wohl als verächtlich zu verstehenden Lachen, mit dem er erklärt, dass sie sicherlich nicht geglaubt habe, die METHODE würde sie zur Märtyrerin machen. Das System werde sie nicht

in die Reihe von „Jesus von Nazareth, Jeanne d'Arc" (ebd.), unsterblichen Kultfiguren des Widerstands, stellen, wie er rhetorisch versiert ausführt.

- Mia sei „frei" (264), prustet er unter einem erneuten Lachanfall heraus.
- Der Protagonistin dämmert, dass sie zu scheitern droht. Die METHODE schulde ihr die Exekution des Urteils. „Das könnt ihr nicht machen!" (264), protestiert sie.
- Das System ist jedoch nicht daran interessiert, ihr die vollkommene Freiheit zu gewähren. Es wird eine Resozialisierung angeordnet (vgl. ebd.).
- Hinter dem beschönigendem Ausdruck verbirgt sich vermutlich ein Umerziehungslager mit „politische[r[Bildung. Methodentraining" (ebd.) und Gehirnwäsche.
- Die Freiheit, die Kramer ihr zubilligt, indem er ihr Zigarettenetui und Feuerzeug zuwirft, ist auf das Rauchen einer Zigarette beschränkt.
- Mia ist fassungslos, was an ihrem Kopfschütteln zu erkennen ist.
- In den letzten Zeilen macht der Erzähler seine Deutungshoheit über die Ereignisse abschließend noch einmal deutlich. In einer anaphorischen Konstruktion betont er, „erst jetzt ist sie – erst jetzt ist das Spiel – erst jetzt ist wirklich alles zu Ende" (ebd.).

Zu 3.2
Positives oder negatives Ende?
- Viele Leser empfinden die ungebrochene Macht des Systems und das Ausgeliefertsein Mias als deprimierend.
- Darüber hinaus erscheint es als schwerer Schlag, dass sich die METHODE nun anschickt, sie einer Gehirnwäsche zu unterziehen. Die Biologin hatte die Folter überstanden. Ob sie den Umerziehungsmaßnahmen standhalten kann bzw. ob sie diese überhaupt antreten wird, bleibt offen.
- Für die Autorin endet *Corpus Delicti* jedoch positiv (vgl. *Fragen*, 54–58). Sie ist zuversichtlich, dass Mia ihren „inneren Sieg" behaupten werde. Bei der Gerichtsverhandlung hatte die Protagonistin am Ende geäußert, dass sie trotz Verurteilung gewonnen habe (vgl. 259).
- Die Autorin betont jedoch, dass nicht ihre persönliche Meinung absolute Wahrheit beanspruche, sondern dass der Leser zu einer eigenen Deutung gelangen könne: „Wenn ein Leser das Ende als offen empfindet und im Anschluss an die Lektüre darüber nachdenkt, was da zum Schluss eigentlich genau passiert – umso besser. Ich habe immer wieder erfahren, dass ein Buch so viele Romane enthält, wie es Leser gibt. Plus einen weiteren, den der Autor geschrieben hat." (Zeh, *Fragen*, 58)

4. Mia und Moritz Holl

Aufgabenstellung

Analysieren Sie die Beziehung zwischen den beiden Geschwistern.

Lösungsvorschlag

Gegensätzliche Charaktere und Lebensentwürfe

- Mia und Moritz Holl könnten unterschiedlicher nicht sein. Sie sind kontrastiv angelegt.
- Die ältere Schwester ist eine rational denkende Naturwissenschaftlerin, während sich Moritz von Kindesbeinen an für die Philosophie erwärmt.
- Mia ist eine überzeugte Anhängerin der METHODE. Moritz hingegen ist ein „Freigeist" (73), der sich vom politischen System nicht vereinnahmen lassen will. Seine Gedanken und Taten sind potenziell subversiv, ohne jedoch irgendetwas mit der R.A.K. gemeinsam zu haben.
- Moritz muss sich von seiner Schwester einen „vergnügungssüchtigen Egoisten" (91) nennen lassen, u. a. weil er seine sexuellen Bedürfnisse auslebt. Mia hingegen zeigt wenig Lebensfreude. Sie ist eine Einzelgängerin ohne soziale Kontakte. Moritz behauptet, sie könne das Wort Liebe nicht einmal aussprechen, sondern sehe alle Beziehungen nur durch ein „Elektronenmikroskop" (27).
- Die Biologin braucht ein starkes „Sicherheitsfundament" (93), während Moritz das Risiko sucht. Er will seine Grenzen testen, um sich selbst zu spüren.
- Im Gegensatz zu Moritz, der die „unhygienische" Natur mit Unbeobachtetsein und Freiheit gleichsetzt, ekelt sich Mia davor (vgl. 61).
- Die Lebenseinstellung des Bruders ist geprägt von einer schweren Erkrankung im Kindheitsalter. Die Erfahrung, dem Tod nahe gewesen zu sein, hallt in ihm nach. Für ihn ist die Selbstbestimmung über das eigene Leben das allerhöchste Gut. Der Suizid ist deshalb eine Option für ihn („Das Leben […] ist ein Angebot, das man auch ablehnen kann", 46). Mia hingegen ist der Ansicht, dass sich der Mensch dem „Leben verpflichten" (94) muss.
- Bei aller Gegensätzlichkeit, die häufig zu Auseinandersetzungen führt, verbindet die beiden eine tiefe, unverbrüchliche Zuneigung („Ich bin doch dein Zuhause", 134).

Die ideale Geliebte als innere Verbindung der Geschwister

- Moritz definiert die Aufgabe der idealen Geliebten, seiner imaginierten Traumfrau, dahingehend, dass sie Mia zu ihm „zurückführen" (45) werde.
- Er vermacht seiner Schwester die Figur bei Mias letztem Besuch im Gefängnis, kurz bevor er sich das Leben nimmt.

- Als innere Stimme Mias ermahnt sie die Protagonistin, ihre Existenz als Zaunreiterin aufzugeben und sich zwischen der METHODE und Moritz zu entscheiden.

Mia identifiziert sich mit ihrem Bruder und findet so zu sich selbst

- Der Prozess der Annäherung an Moritz' Werte und Vorstellungen vollzieht sich allmählich.
- Schon während ihrer gemeinsamen Stunden in der „Kathedrale" beginnt Mia den Lebensstil ihres Bruders zu übernehmen. Einmal lässt sie die nackten Füße im Wasser baumeln (vgl. 147), eine Geste, die sie anfangs an Moritz kritisiert hat.
- Nach seinem Tod raucht sie eine Zigarette, um Moritz und seinem menschlichen Geruch nahe zu sein.
- Ihr Rückzug ins Private, um in Ruhe trauern zu können, ist nicht politisch motiviert.
- Je mehr sie mit der METHODE in Konflikt gerät, desto größer werden ihre Zweifel am staatlichen System.
- In dem Moment, in dem Moritz' Unschuld im Prozess bewiesen wird, bricht Mia mit der Gesundheitsdiktatur. Als Folge ihrer neu gewonnenen Loyalität zu Moritz geht sie in die Offensive und bekennt sich öffentlich zu ihrem Bruder.
- Zur Ikone des Widerstands wird sie jedoch eher wider Willen, da ihr die METHODE keine Option lässt. Die Intrigen Kramers machen die Geschwister zur gemeinsamen Führungsspitze der Widerstandsgruppe *Die Schnecken*.
- Die Identifikation mit dem Bruder geht so weit, dass Mia während der Haft nicht mehr sich selbst im Spiegel sieht, sondern Moritz (vgl. 195).
- Durch die Identifikation findet Mia zu sich selbst. Sie entdeckt ihre emotionale Seite und gibt das einseitige Rationalisieren auf. Auch dies ist das Vermächtnis ihres Bruders.

5. Die Justiz im Methodenstaat

Aufgabenstellung

5.1 Skizzieren Sie Wirkungsweise und Rolle der Justiz in der Gesundheitsdiktatur.

5.2 Analysieren Sie, wie einzelne Vertreter des Justizapparates dazu beitragen.

Lösungsvorschlag

Zu 5.1

Das Gericht als Disziplinierungsanstalt im Sinne der Gesundheitsideologie

- Schon die geographische Lage im Zentrum des Methodenstaates (vgl. 12) deutet auf die herausragende Bedeutung des Gerichts hin.
- Es hat uneingeschränkten Zugang auf Daten aller Bürger, einschließlich nackter Ganzkörperfotos „[v]on vorn und von hinten. Von außen von innen. Röntgenbilder, Ultraschall, Kernspintomographie des Gehirns" (14).
- Es verhandelt vielfach in Abwesenheit der Angeklagten, ohne dass deren Aussagen berücksichtigt werden.
- Individuelle Bedürfnisse und Ansprüche sind dem öffentlichen Interesse untergeordnet. Dies zeigt sich symbolisch in der ungleichen Platzverteilung zwischen den beiden Interessensvertretern. Staatsanwalt Bell als Vertreter des öffentlichen Interesses hat sich am gemeinsamen Tisch breitgemacht, während Rosentreter beengt an der kurzen Seite sitzt.
- Die dargestellten Verhandlungen reichen von leichten Verstößen gegen die Gesundheitsnormen bis hin zu Strafprozessen wegen grundsätzlicher Methodenfeindlichkeit.
- Die Strafen für „Missbrauch toxischer Substanzen" (z. B. Rauchen, Alkohol) sind beträchtlich (20 Tagessätze). Da der Methodenstaat sich die Wertschätzung des Lebens zum Ziel gesetzt hat (vgl. 231), steht auf Kapitalverbrechen nicht die Todesstrafe, sondern das Einfrieren.
- Am Beispiel Mias lässt sich erkennen, dass es sich bei der Judikative um einen verlängerten Arm der Politik handelt. Versinnbildlicht wird die Abhängigkeit der Justizvertreter durch ihre Bezeichnung als schwarz gekleidete oder schwarze Puppen (vgl. 53 und öfter).
- Im Methodenstaat herrscht keine Gewaltenteilung. Mias Verurteilung steht schon von vornherein fest, so dass ihre Verhandlung einem Schauprozess gleichkommt.
- Der Methodenschutz manipuliert Zeugen und Beweise und diktiert vor dem entscheidenden Verhandlungstag das Urteil, das der Richter am Ende nur noch vorliest (vgl. 258).

Zu 5.2
Die Vertreter der Justiz als überzeugte Stützen des Systems
Staatsanwalt Bell
- Der Staatsanwalt, der seinem Namen durch sein Auftreten alle Ehre macht, ist zeit seines Lebens ein erzkonservativer Methodenanhänger.
- Von Berufs wegen fordert er stets die höchstmögliche Strafe bei Verstößen gegen die Gesundheitsnormen.
- Seine ideologische Verbissenheit, die sich schon zu Universitätszeiten durch Vorträge über die Gefahren von Rachenrauminfektionen zeigte, ist selbst für andere Juristen nervtötend (vgl. 12).

Richter Hutschneider
- Der kurz vor der Pensionierung stehende Richter glaubt durch seine Funktion im Dienste der METHODE „alles richtig gemacht" (214) zu haben.
- Er legt Mias Versuch, Würmer in der Verhandlung auf seine Aussage anzusprechen, negativ aus. Er verdreht – vermutlich wissentlich – die Tatsachen, um zu suggerieren, dass sich die beiden als Verschwörer kennen.
- In seiner Angst, selbst Opfer eines Anschlags zu werden, lässt er sich in seiner Urteilsfindung manipulieren (vgl. 58).

Der Verteidiger Rosentreter
- Aus persönlichem Interesse versucht Rosentreter, der METHODE „ein Bein zu stellen" (115), und deckt den Justizirrtum um Moritz und damit die Fehlbarkeit des Systems auf.
- Am Ende gibt er die Verteidigung Mias jedoch auf, um sich selbst nicht zur Zielscheibe zu machen.

Die Gegenfigur der Richterin Sophie
- Lediglich die junge Richterin Sophie gibt der Justiz ein humanes Antlitz. Sie urteilt mit Verständnis und Augenmaß.
- Ihre Zulassung von Beweismaterial, das Moritz' Unschuld belegt, und die Tatsache, dass sie Kramer öffentlich in die Schranken weist, kosten sie ihre Karriere. Sie wird ihres Vorsitzes enthoben und in die Provinz versetzt. Die METHODE duldet keinen Fehler oder Widerspruch.

Literaturhinweise

Primärtexte
Zeh, Juli: Fragen an *Corpus Delicti*. 2. Aufl. München: btb Verlag, 2020.
Zeh, Juli: Treideln. Frankfurter Poetikvorlesungen. München: btb Verlag,
2015.
Zeh, Juli / Trojanow, Ilija: Angriff auf die Freiheit. Sicherheitswahn,
Überwachungsstaat und der Abbau bürgerlicher Rechte. München:
Deutscher Taschenbuch Verlag, 2010.

Sekundärliteratur
Akrap, Doris: „Fitnesskult ist hochpolitisch": Der Historiker Jürgen Mart-
schukat analysiert das Sportzeitalter: Nur wer seinen Körper auf Trab hält,
kommt gesellschaftlich weiter. https://taz.de/Historiker-ueber-Fitnesskultur/
!5748092/ (letzter Aufruf: 12. Februar 2021).
Ehm, Matthias: Juli Zeh: *Corpus Delicti*. Interpretation. Hallbergmoos:
Stark, 2018.
Geisenhanslücke, Achim: Die verlorene Ehre der Mia Holl. Juli Zehs *Corpus
Delicti.* In: Viviana Chilese / Heinz-Peter Preußer (Hrsg.): Technik in Dysto-
pien. Heidelberg: Winter, 2013 (Jahrbuch Literatur und Politik, Bd. 7).
S. 223–232.
Gottwein, Carla: Die verordnete Kollektividentität. Juli Zehs Vision ei-
ner Gesundheitsdiktatur im Roman *Corpus Delicti*. In: Corinna Schlicht
(Hrsg.): Identität. Fragen zu Selbstbildern, körperlichen Dispositionen
und gesellschaftlichen Überformungen in Literatur und Film. Ober-
hausen: Laufen, 2012 (Autoren im Kontext – Duisburger Studienbögen,
Bd. 11). S. 230–250.
Layh, Susanna: Finstere neue Welten. Gattungsparadigmatische Trans-
formationen der literarischen Utopie und Dystopie. Würzburg: Königs-
hausen & Neumann, 2014 (Text und Theorie, Bd. 13).
Kehlbach, Christoph / Nordhardt, Michael-Matthias: Corona-Maßnahmen:
Die Pandemie und die Grundrechte. www.tagesschau.de/inland/corona-
grundrechte-101.html (letzter Aufruf: 9. März 2021).
Leis, Mario / Rieker, Sabine: Juli Zeh: *Corpus Delicti*. Lektüreschlüssel für
Schülerinnen und Schüler. Stuttgart: Reclam, 2016.
Mayr, Sabine: Juli Zeh: *Corpus Delicti. Ein Prozess* … verstehen. EinFach
Deutsch. Braunschweig: Westermann, 2019.
Möbius, Thomas: Textanalyse und Interpretation zu Juli Zeh: *Corpus De-
licti. Ein Prozess.* 4. Aufl. Hollfeld: Bange, 2019 (Königs Erläuterungen,
Bd. 317).
Mogendorf, Christine: Von „Materie, die sich selbst anglotzt". Postmo-
derne Reflexionen in den Romanen Juli Zehs. Bielefeld: Aisthesis,

2017 (Chironeia. Die unwürdigen Künste. Studien zur deutschen Literatur seit der frühen Moderne, Bd. 9).

Preußer, Heinz-Peter: Gewalt und Überwachung. Juli Zehs apokalyptisches Pandämonium der Jetztzeit und ihre düstere Prognose der „Selbstoptimierung". In: Olaf Briese / Richard Faber / Madleen Podewski (Hrsg.): Aktualität des Apokalyptischen. Zwischen Kulturkritik und Kulturversprechen. Würzburg: Königshausen & Neumann, 2015. S. 163–185.

Rainer, Moritz: Unverträgliche Immunsysteme. In Neue Zürcher Zeitung. 18. Juli 2009. www.nzz.ch/unvertrgliche_immunsysteme-1.3090964 (letzter Aufruf: 14. Februar 2021).

Schönfellner, Sabine: Die Perfektionierbarkeit des Menschen? Posthumanistische Entwürfe in Romanen von Juli Zeh, Kaspar Colling Nielsen und Margaret Atwood. Berlin: Weidler, 2018 (Internationale Forschungen zur Allgemeinen und Vergleichenden Literaturwissenschaft, Bd. 197).

Wagner, Sabrina: Aufklärer der Gegenwart: Politische Autorenschaft zu Beginn des 21. Jahrhunderts – Juli Zeh, Ilija Trojanow, Uwe Tellkamp. Göttingen: Wallstein, 2015.

Walter, Julia: Freiheit oder staatliche Kontrolle. Die Gestaltung des Freiheitsaspekts in Corpus Delicti. Ein Prozess von Juli Zeh. E-Book. Masterarbeit. München 2015.

Zeh, Juli: Vom Sozialstaat zum Kontrollsystem. In: Die Zeit. 5. Oktober 2007. http://www.zeit.de/online/2007/41/meldepflicht-patienten (letzter Aufruf: 20. Dezember 2020).

Interviews mit Juli Zeh

Gernert, Johannes: Plädoyer gegen die Fitness-Diktatur. In: Stern. 24. März 2009. http://www.stern.de/kultur/buecher/interview-mit-juli-zeh-plaedoyer-gegen-die-fitness-diktatur-3432820.html (letzter Aufruf: 20. Dezember 2020).

Janker, Karin: Wir werden manipulierbar und unfrei. In: Süddeutsche Zeitung. 26. November 2014. https://www.sueddeutsche.de/kultur/juli-zeh-ueber-das-generali-modell-wir-werden-manipulierbar-und-unfrei-1.2232147 (letzter Aufruf: 20. Dezember 2020).

Stichwortverzeichnis

Lektürehilfen –
damit keine Fragen offenbleiben!

Alfred Andersch
Sansibar oder der letzte Grund
ISBN 978-3-12-923091-6

Bertolt Brecht
Der gute Mensch von Sezuan
ISBN 978-3-12-923153-1
Leben des Galilei
ISBN 978-3-12-923155-5
Mutter Courage und ihre Kinder
ISBN 978-3-12-923108-1

Georg Büchner
Dantons Tod
ISBN 978-3-12-923133-3
Lenz
ISBN 978-3-12-923089-3
Woyzeck
ISBN 978-3-12-923164-7

Friedrich Dürrenmatt
Der Besuch der alten Dame
ISBN 978-3-12-923127-2
Der Richter und sein Henker
ISBN 978-3-12-923129-6
Die Physiker
ISBN 978-3-12-923148-7

Joseph von Eichendorff
Aus dem Leben eines Taugenichts
ISBN 978-3-12-923157-9

Jenny Erpenbeck
Heimsuchung
ISBN 978-3-12-923176-0

Theodor Fontane
Frau Jenny Treibel
ISBN 978-3-12-923105-0
Irrungen, Wirrungen
ISBN 978-3-12-923012-1

Max Frisch
Andorra
ISBN 978-3-12-923159-3
Homo faber
ISBN 978-3-12-923119-7

Arno Geiger
Unter der Drachenwand
ISBN 978-3-12-923169-2

Johann Wolfgang von Goethe
Faust – Erster Teil
ISBN 978-3-12-923126-5
Iphigenie auf Tauris
ISBN 978-3-12-923062-6

Wolfgang Herrndorf
Tschick
ISBN 978-3-12-923049-7

Judith Hermann
Sommerhaus, später
ISBN 978-3-12-923139-5

Hermann Hesse
Der Steppenwolf
ISBN 978-3-12-923107-4
Unterm Rad
ISBN 978-3-12-923092-3

E.T.A. Hoffmann
Der Sandmann
ISBN 978-3-12-923143-2
Der goldne Topf
ISBN 978-3-12-923106-7

Franz Kafka
Der Proceß
ISBN 978-3-12-923149-4
Der Verschollene
ISBN 978-3-12-923173-9
Die Verwandlung
ISBN 978-3-12-923145-6

Heinrich von Kleist
Marquise von O.../Erdbeben
in Chili
ISBN 978-3-12-923144-9
Michael Kohlhaas
ISBN 978-3-12-923024-4
Prinz Friedrich von Homburg
ISBN 978-3-12-923056-5
Der zerbrochne Krug
ISBN 978-3-12-923175-3

Hartmut Lange
Das Haus in der Dorotheenstraße
ISBN 978-3-12-923138-8

Gotthold Ephraim Lessing
Emilia Galotti
ISBN 978-3-12-923137-1
Nathan der Weise
ISBN 978-3-12-923068-8

Thomas Mann
Bekenntnisse des
Hochstaplers Felix Krull
ISBN 978-3-12-923172-2
Buddenbrooks
ISBN 978-3-12-923058-9
Der Tod in Venedig
ISBN 978-3-12-923095-4
Mario und der Zauberer
ISBN 978-3-12-923168-5

Friedrich Schiller
Kabale und Liebe
ISBN 978-3-12-923065-7
Maria Stuart
ISBN 978-3-12-923151-7
Die Räuber
ISBN 978-3-12-923026-8
Wilhelm Tell
ISBN 978-3-12-923109-8

Bernhard Schlink
Der Vorleser
ISBN 978-3-12-923136-4

Robert Seethaler
Der Trafikant
ISBN 978-3-12-923113-5

Patrick Süskind
Das Parfum
ISBN 978-3-12-923117-3

Uwe Timm
Halbschatten
ISBN 978-3-12-923103-6

Hans-Ulrich Treichel
Der Verlorene
ISBN 978-3-12-923165-4

Juli Zeh
Corpus Delicti. Ein Prozess
ISBN 978-3-12-923171-5